L'ALCHIMIE DU RÉEL

LEE LOZOWICK

L'ALCHIMIE DU RÉEL

Préface d'Arnaud Desjardins

Introduction et Traduction de Gilles Farcet

Les Editions du Relié
Route de Gordes - Quartier Croze
84 440 Robion
France

Collection Prétextes
Fondée par Yvan Amar

En couverture :
Peinture sur sable Navaho
(British Muséum)

Titre original : « Alchemy of Transformation »

Pour la traduction française :

ISBN 2-909698-02—5

PREFACE

J'ai découvert l'existence du gourou américain Lee Lozowick en lisant l'ouvrage de Gilles Farcet, *L'homme se lève à l'Ouest*. Les pages qui lui étaient consacrées m'ont fait souhaiter le rencontrer. Cette rencontre a eu lieu il y a un an, au milieu d'un petit groupe de personnes sincèrement intéressées à lui poser les questions qui leur tenaient à cœur. Si les deux conférences publiques de « Mr Lee » auxquelles j'ai assisté ne m'ont pas laissé un grand souvenir, ses réponses données dans l'intimité m'ont, au contraire, beaucoup frappé par leur originalité et leur profondeur. J'ai constaté aussi combien les paroles qu'il adressait à des personnes que je connaissais bien et dont lui-même ignorait à peu près tout pouvaient être adaptées à celui ou celle auquel elles étaient destinées, comme s'il avait su tout de suite mettre à jour la profondeur derrière la surface. Sans aucun doute, cet homme sortait magistralement des normes habituelles.

Certes, à bien des égards, Lee Lozowick peut paraître surprenant, déroutant, perturbant. Mais je sais qu'il est susceptible d'apporter une aide parfois déterminante à ceux qui font appel à lui. Et plus important que tout, ce qui m'a frappé pendant les quelques journées où j'ai pu l'observer et le voir agir, c'est sa bonté fondamentale, sa capacité de véritable amour du prochain, d'amour sans faiblesse. Je me réjouis donc que les lecteurs français puissent à leur tour le découvrir. Des êtres tels que lui sont rares et précieux.

Arnaud Desjardins

INTRODUCTION

Quiconque croise Lee Lozowick ne peut qu'être frappé par le bleu de son regard : des yeux tout à la fois limpides et pénétrants, d'une beauté d'un autre monde... De tels yeux ont de quoi nourrir les fantasmes les plus romantiques à propos du « maître », du magnétisme des sages et autres lieux communs. Seulement voilà : malheureusement pour nos egos et heureusement pour notre soi (ce soi que la plupart du temps nous ne connaissons plus que par ouï-dire, tant la somme de nos revendications, opinions, préjugés et pensées de tous ordres nous en barrent l'accès), Lee Lozowick est sans pitié pour toute forme de romantisme et se montre d'une cruauté particulièrement exquise envers le sentimentalisme qui se voudrait spirituel.

Autant se tenir prêts : celui que ses disciples appellent « Mr Lee » concède peu de choses à l'air du temps. Sous des apparences relativement détendues qui ne sont pas sans rappeler le bon vieux temps des hippies (cheveux longs, tee-shirts chatoyants, communauté et rock'n roll), cet homme d'une cinquantaine d'années incarne ce que la tradition a de plus rigoureux et austère : pratique, discipline, intégrité, persévérance, sont quelques uns de ses maîtres-mots. Lui-même disciple d'un gourou hindou à la fois peu conventionnel et ancré dans des millénaires de tradition, Shri Yogi Ramsuratkumar, Mr Lee réaffirme la cruciale importance, la beauté et l'extrême exigence de la relation maître-disciple. Les coutumes des peuplades les plus reculées nous sont sans doute moins étrangères et incompréhensibles que la nature de cette relation.

Lee Lozowick lui-même est-il un maître ? Il en fait en tout cas fonction auprès de disciples qui, si on les côtoie, ainsi que j'en ai personnellement eu l'occasion, se révèlent intelligents, sensibles et ouverts, bien loin en tous les cas de la bigoterie et du sectarisme hélas si répandus autour des gourous vrais ou faux. Une chose est sûre : à l'instar de tous ceux, rares, qui méritent d'être appelés maîtres, Mr Lee est un homme dangereux. Sa seule présence, pourvu que l'on s'y ouvre un tant soit peu, met en mouvement une énergie de transformation aussi merveilleuse qu'implacable. Comment décrire cette sensation de se trouver à la fois porté et comme pris dans un étau ? Ceux également rares qui se sont un jour ou l'autre trouvés dans le collimateur d'un gourou me comprendront.

Témoin de la vérité, laquelle n'est ni un dogme ni une idéologie mais tout simplement ce qui est et que nous ne saurions contempler, Lozowick est un miroir. Comme la mauvaise reine du conte de fées, nous ne nous exposons qu'aux miroirs déformants dont la seule fonction consiste à nous répéter que nous sommes les plus beaux. Se trouver face à Mr Lee, c'est recevoir sans crier gare le choc de notre vrai visage. Image dérangeante, car pas très belle à voir, bien éloignée de la représentation mentale que nous nous sommes forgée et que nous perpétuons tant bien que mal au prix d'efforts aussi épuisants que stériles. Cependant, une fois acceptée notre monstruosité, une fois la Bête regardée dans les yeux, sonne l'heure de la Belle. Mais il convient d'abord d'embrasser la Bête sur la bouche et c'est ce à quoi Mr Lee nous convie dans un premier temps.

Dangereux, cet homme l'est aussi parce qu'il va jusqu'au bout. Swâmi Prajnânpad, le maître d'Arnaud Desjardins, disait parfois à propos de la sâdhana : « it is not a joke », « ce n'est pas une plaisanterie ». S'il sait se montrer plein d'humour, un humour parfois grinçant, jamais Mr Lee ne plaisante pour ce qui est de la voie. Encore une chose dont nous avons perdu l'habitude, accoutumés que nous sommes à survoler l'existence sans être prêts à assumer les conséquences de nos actes. Nous voulons bien jouer à l'amour mais nous réservons toujours la possibilité de retirer nos cartes dès que le jeu se fait risqué. Mr Lee va jusqu'au bout de la partie. Lorsque celle-ci devient délicate, il augmente simplement la mise et vous lance un regard clair tandis qu'il pose l'argent sur la table, tout cela très sobrement, sans en faire une histoire. Le jeu est le jeu, voilà tout.

Par conséquent, un conseil : si vous voulez ajouter un vernis spirituel à vos conditionnements, aller de stage en atelier, de thérapie en analyse en vous répétant que vous changez, posez de suite ce livre et empressez-vous d'oublier jusqu'à son existence. Inscrivez-vous à une session de channelling, faites une cure de massage, intéressez-vous aux cristaux, mais surtout rayez ce bouquin de votre mémoire. Il pourrait vous donner envie d'approcher l'homme, auquel cas le choc aurait des chances d'être rude.

Par contre, si vous êtes fatigué d'agoniser chaque jour sans apprendre grand chose, si vous vous trouvez de plus en plus au fait de ce que Gurdjieff appelait « l'horreur de la situation », peut-être ce livre est-il pour vous.

Un dernier mot : je me permets de dire tout cela d'autant plus librement que je ne suis pas le disciple de Lee ; simplement un ami, un très jeune frère. Nul doute que semblable amitié soit une liaison dangereuse pour moi, pas pour lui... « Fréquenter un autre maître lorsqu'on en a déjà un », me disait Lee, c'est ajouter un condiment au ragoût. » Ce condiment-là est épicé, très épicé. Et je l'aime, violemment.

Gilles Farcet, Février 93

L'ALCHIMIE DU RÉEL

Avertissement

Le cahier photo de la précédente édition (pages 14 à 18) ne figure pas dans cette réédition.

A PROPOS DE MON MAITRE

Comment parler de quelqu'un comme Yogi Ramsuratkumar ? Je pourrais dire ce que l'on dit habituellement d'un tel homme : qu'il est du petit nombre des grands maîtres présents de tous temps à la surface de la planète ; que sa bénédiction se répand à profusion sur tous ceux à qui il est donné de croiser son chemin ; que son style est universel, ouvert à toutes les cultures, toutes les classes sociales, toutes les races et religions ; qu'il s'adresse à tous sans discrimination ni compromis.

Je pourrais me lancer dans le genre de descriptions plus ou moins passe-partout par lesquelles on tente en général de rendre compte d'une si profonde énigme : dire qu'il se qualifie lui-même de « mendiant fou » ou de « pécheur répugnant » ; qu'il porte ses haillons avec autant de noblesse que jamais roi ne porta les plus somptueux vêtements ; qu'il est disponible à toute heure du jour et de la nuit, prêt à servir et à répondre aux besoins des chercheurs et disciples sincères ; qu'il ne s'attribue jamais son propre rayonnement ou l'atmosphère miraculeuse qui règne autour de lui mais dit invariablement : « tout cela vient de mon Père qui est aux Cieux, de Lui seul. »

Je pourrais dire bien d'autres choses, couvrir Yogi Ramsuratkumar de louanges, dresser la longue liste de ses hauts faits rapportés par ceux qui l'aiment ; mais il me semble que tout cela serait encore à côté de la vérité. En fait, le langage ne permet pas de cerner la nature d'un tel être. Disons simplement que ce yogi fou est un inexplicable serviteur de Dieu, une vivante manifestation de la grâce.

Et cependant, ne nous berçons pas d'une sécurité illusoire ni de rêves de magie immédiate ou de béatitude obtenue sans effort. Permettez-moi de vous prévenir : on n'approche pas à la légère des êtres tels que Yogi Ramsuratkumar. Ces personnes sont mortellement dangereuses, elles sont un feu dévorant, une véritable conflagration pour l'ego, cet ego à la fois mou et si prompt à se protéger, cet ego qui est la plaie de l'humanité fermement ancrée dans le sommeil et une perception dualiste du moi. Yogi Ramsuratkumar ne laisse personne badiner avec lui.

Il n'a guère besoin de moi pour le protéger ! En même temps, il n'a vraiment que faire de se trouver inondé par des hordes de curieux ou de dilettantes de la spiritualité. Donc, lecteur, si vous tenez à votre petite vie sédentaire et négatrice de Dieu, prenez garde. Inutile d'en dire davantage.

C'est en 1976 que je l'ai rencontré pour la première fois. C'était l'un des nombreux sages, saints et yogis auxquels nous rendîmes visite, un groupe d'amis et moi, à la faveur d'un long pèlerinage en Inde, qui n'était que le premier d'une série de voyages. Ce fut lors de notre deuxième rencontre, en 1979, que je devins consciemment un disciple de Yogi Ramsuratkumar. J'ai depuis réalisé que son influence divine m'avait guidé dans cette existence bien des années avant mon premier voyage en Inde.

Je n'ai passé que relativement peu de temps en sa présence physique, du moins par rapport à certains de ses disciples indiens. Mais le degré de transformation qu'il a opéré dans ma vie, l'attention totale dont il m'a fait don lorsque je me trouvais physiquement auprès de lui, ainsi que la présence subtile dont ma conscience et ma vie sont constamment imprégnées, présence que je ne puis attribuer qu'à sa compassion, tout cela m'a convaincu de la vérité de ce que j'ai exprimé dans les lignes qui précèdent : c'est un joyau, un grand maître, mais attention, on ne s'approche pas de lui impunément.

LE MAGICIEN ET SES SECRETS

Un prestidigitateur parfaitement maître de son art ne divulgue ses secrets qu'à deux catégories de personnes :

— au simple curieux, celui qui n'y voit qu'un sujet de conversation comme un autre ou chez qui la curiosité est une seconde nature. Le maître de magie sait fort bien que jamais le curieux ne pratiquera sérieusement la prestidigitation ni n'utilisera ses secrets, de sorte que confier quelque chose à ce genre de personne équivaut à parler à un mur. De tels gens sont inoffensifs.

— outre le curieux, ce n'est qu'au chercheur totalement engagé que le maître se confiera ; à celui dont il sait qu'il entend faire bon usage de la magie et éprouvera un sentiment de responsabilité, voire de gratitude envers une connaissance si rare et précieuse. Semblable personne ne sera que trop heureuse d'entreprendre tout ce que le maître lui suggérera ; elle se soumettra volontiers à un apprentissage souvent long et éprouvant. Il se peut qu'avant d'accéder aux secrets les plus élémentaires, il lui faille passer une année ou davantage à porter sacs et accessoires, à balayer le plancher ou à épousseter les boîtes. Semblable chercheur estimera la connaissance dispensée par le magicien à sa juste valeur; en aucun cas il n'en disposera avec frivolité ou ne la divulguera à bas prix. Un tel apprenti transmettra les secrets du maître dans l'esprit où il les a lui-même reçus, à la même catégorie de personnes ; il veillera à ne sélectionner que les apprentis les plus sérieux et les plus engagés.

Les personnes situées entre ces deux extrêmes font de très dangereux élèves : certains, qui ne cherchent que leur profit personnel, vendront les secrets au plus offrant ou les galvauderont sur la place publique afin d'en tirer gloire et richesse ; d'autres divulgueront la connaissance sans discernement à un vaste public, diluant ainsi la vraie valeur de la magie en tant qu'art et voie spirituelle. D'autres encore, s'estimant plus avancés que le maître, s'autoriseront à « moderniser » ou à « mettre au goût du jour » ces secrets pourtant si anciens, si authentiques et qui ont fait leur preuve. Ils y imprimeront leur personnalité, leurs tendances et caprices individuels, tant et si bien qu'en peu de temps les principes fondateurs de la magie deviendront inintelligibles. Il se pourrait même que certains de ces secrets soient à jamais perdus.

D'autres enfin se contenteront de s'amuser avec ces secrets si rares et sacrés. Ils en feront des jeux de société, les incorporeront à la plus dégradée des formes de culture ou, devrions-nous dire, d'inculture détruisant ainsi tout ce que représentaient ces secrets en matière de transmission et de connaissance.

Aussi le maître de magie est-il mécaniquement applaudi par le curieux, vénéré et accueilli avec gratitude par le chercheur sincère par l'entremise de remerciements silencieux, trop sacrés pour être formulés, et ridiculisé, injurié, calomnié ou ignoré par tous les autres. Il devient leur bouc émissaire, la cible de leurs plaisanteries, de leurs sarcasmes et de leur cynisme.

Mais le maître de magie demeure le maître, quel que puisse être son public. Car essentiellement, il n'a d'autre raison de vivre que d'incarner les secrets qu'il a maîtrisés. Accepter un ou des apprentis pour peu qu'il ait la chance d'en trouver, lui est une obligation envers son art et sa connaissance.

Au lecteur, à présent, d'établir des parallèles entre la figure du maître de magie et celle du maître spirituel.

I

UN MAITRE A L'OEUVRE

En guise d'introduction, permettez-moi de prendre une petite précaution. Je travaille d'une manière très personnelle, voire intime ; tâchez donc de ne pas vous sentir offensés si mes paroles vous provoquent quelque peu. Lorsque je parle du caractère très intime de mon travail, cela ne signifie pas que je m'intéresse à vos affaires ou à votre vie privée. Vos relations avec les autres, votre situation financière ou vos problèmes émotionnels ne m'intéressent en rien. En fait, j'avoue éprouver un vif antagonisme à l'égard des gens qui essaient de me parler de leur vie personnelle. Je n'en veux rien savoir.

Ce qui m'intéresse, c'est cette part de vous-même qui ne perd jamais le contact avec le Divin. Le malheur, pour nous en tant qu'individus, c'est que *cette part de nous-mêmes toujours en contact avec le Divin n'est pratiquement jamais en contact avec notre faculté d'attention.*

D'où la nécessité du travail.

Le travail spirituel n'est pas une solution rapide pour réparer le gâchis de nos existences. Dans le véritable travail spirituel, il ne s'agit pas de produire quelque chose pour nous-mêmes, mais plutôt de faire jaillir de nous-mêmes une énergie susceptible de servir un but plus élevé. La raison d'être du travail spirituel est de servir Dieu. Si le fait de servir Dieu, et nous reviendrons sur cette notion de service, répare le gâchis de nos existences, parfait, merveilleux ! Et si le gâchis ne se répare pas, voire empire, prenez-vous-en à Dieu, et continuez à travailler.

Le travail spirituel est avant tout une question de discipline et de persévérance ; voilà ce qui importe, beaucoup plus que de trouver le monde beau et lumineux au bout d'un an ou deux de méditation. En fait, la méditation transformera bel et bien votre vision, mais pas avant d'avoir balayé tout ce qui fait obstacle. Et peut-être ce processus ne sera-t-il pas particulièrement attrayant ou agréable. Il se pourrait même que cela vous apparaisse comme une folie.

Lorsqu'il travaille avec ses élèves, le maître est semblable à l'eau qui s'infiltre partout. Il n'épargne aucun espace, aucune cavité, pas le moindre petit recoin. Entreprendre une démarche d'ordre thérapeutique et psychologique revient la plupart du temps à tenter de combler un vide avec des pierres : si vous prenez une grosse pierre et essayez de l'enfoncer dans un trou du mur, cela va probablement faire trembler le mur tout entier et secouer de la poussière. Voilà qui sera sans doute impressionnant ; reste que de nombreuses fissures n'en seront pas pour autant bouchées. Ces approches épargnent nombre de facettes de l'existence.

Le travail que je poursuis avec les gens est intime en ceci qu'il ne laisse rien intact. Il intègre toutes les facettes de la vie, contrairement à la plupart des approches de développement personnel. Il n'y a rien là d'unique, ni même de rare pour peu que l'on sache à quelle porte frapper ; mais il s'agit tout de même de quelque chose d'inhabituel.

Autrefois, j'étais philatéliste. Je faisais commerce de timbres de collection. Les gens prenaient connaissance de mon stock et s'écriaient : « Mon Dieu, mais où avez-vous déniché toutes ces pièces rares ? » En effet, ma marchandise pouvait paraître extrêmement rare, pourvu que l'on soit un peu naïf. En fait, étant du métier, je savais où m'adresser pour trouver ce que je cherchais. Je connaissais des personnes qui possédaient dix fois plus de raretés que moi, des gens dont les caves étaient remplies de timbres précieux.

Il en va de même dans ce métier. Mon travail n'est pas unique. Il n'est certes pas commun et guère facile à dénicher ; mais il est accessible, pour peu que l'on sache où s'adresser. Il n'a rien de secret. Il n'est rare que dans la mesure où la plupart des gens ne le découvrent jamais ou, s'ils en ont connaissance, ne sont pas disposés à en payer le prix et quand je parle de « prix » il ne s'agit pas d'argent. Mais ce travail existe au grand jour.

Il se pourrait que, travaillant avec moi, vous commenciez à avoir faim de denrées difficiles à trouver. Auquel cas, j'aurai bien rempli ma tâche.

Peu importe que vous deveniez ou non mes élèves. Peu importe qui vous nourrit. L'important, c'est que vous trouviez de quoi vous rassasier.

Nous avons récemment donné un séminaire à Hanovre, à la fin duquel j'ai demandé s'il y avait des questions ou des commentaires. Un homme a fait preuve de simplicité et d'honnêteté. Il a dit : « Je me sens un peu en colère, vaguement perturbé, car vous avez ranimé en moi quelque chose que je m'étais efforcé d'oublier. Autrefois, j'ai eu faim d'une certaine nourriture et l'ai recherchée. Mais à chaque fois que je m'en rapprochais, je me rendais compte qu'elle serait difficile à acquérir. Cela exigeait trop de moi et comme je ne me sentais pas prêt à fournir les efforts nécessaires pour l'obtenir, je faisais marche arrière et refoulais cet appétit. Voilà maintenant des années que j'avais oublié jusqu'à son existence. Mais votre conférence a ravivé cette faim et je ne suis pas certain d'en être content. Je ne suis pas vraiment ravi d'éprouver de nouveau ce manque. Quoi qu'il en soit, je vous remercie. »

Cet homme a été honnête. Il a admis n'être pas ravi à la perspective d'avoir de nouveau faim. Dans sa subtilité, la transmission d'un maître ne fait pas uniquement jaillir ce qu'il y a en nous de bon, de pur et de lumineux. Mais une fois que vous vous êtes relié à la passion, à ce climat et à cette vie véhiculés par tout enseignement authentique, vous avez toutes les chances d'être la proie d'une accoutumance dont il vous sera très difficile de vous débarrasser.

Je suis en train de formuler quelques « règles de base » afin que vous ne soyez pas trop surpris. Néanmoins, je sais par expérience que la plupart des gens savent fort bien où ils mettent le pied lorsqu'ils s'engagent dans le travail spirituel. Et pourtant, ils n'en ont pas moins des surprises, parfois bonnes, parfois pas si bonnes. Mais si nous redoutons les surprises, autant être prévenus car si ce travail fait son nid en nous, il y en aura beaucoup.

*
* *

Il importe qu'un maître entretienne une relation personnelle avec l'élève, afin de s'assurer que ce qui est touché chez ce dernier soit également affiné et porté à la perfection du moins si tel est le but poursuivi. Le maître est avec l'élève comme le joaillier avec un bijou de prix : quand on taille un diamant, on a au départ affaire à une pierre brute prise dans une gangue où se mêlent des saletés et d'autres matériaux. Il faut d'abord nettoyer la pièce et ôter la gangue. Puis il convient de la tester pour déceler ses imperfections. C'est seulement alors que le maître joaillier saura où et comment tailler. C'est à lui de décider de la manière dont ce diamant-ci doit être taillé : par les côtés, en ovale ou par le coeur. Ce n'est qu'une fois cela déterminé que le travail peut commencer. Et ce n'est pas tout : à chaque coup de marteau ou de scie, il lui faut faire une pause et réévaluer tout le processus afin de s'assurer de la justesse de son évaluation initiale. Facetter un diamant est un art qui exige beaucoup de délicatesse et de sensibilité. Ce n'est pas à la portée du premier tailleur de pierre venu, c'est tout autre chose que de polir une agate.

Dans mon travail auprès de mes élèves, je taille des diamants ; pas question pour moi de faire une entaille puis de m'écrier : « oh, quel joli diamant » pour le laisser en l'état. Si je commence un travail, j'entends le mener à terme. Et cela nécessite que je m'occupe personnellement de chaque élève.

Certains instructeurs disent qu'il leur suffit de se souvenir d'un élève pour qu'immédiatement la Grâce ou Dieu lui-même prenne les choses en main. Telle n'est pas mon expérience. Lorsqu'un instructeur dit cela, il fait généralement allusion à tous les phénomènes qu'engendre le lien établi avec l'élève, phénomènes qui peuvent aller jusqu'à des visions et autres expériences fortes. Mais de mon point de vue, ces visions et ces expériences n'ont aucun sens si elles ne s'intègrent pas dans un contexte approprié. Un élève pourra bien passer par une cinquantaine d'expériences cosmiques, elles ne lui seront d'aucun profit réel si elles ne sont pas re-situées dans la perspective d'une maturation globale. La valeur d'un maître et de l'aide qu'il vous apporte ne réside pas dans la sagesse qu'il est susceptible de vous transmettre ; de la sagesse, vous en trouverez à profusion dans toutes les écritures traditionnelles et les ouvrages contemporains sur le soufisme, le bouddhisme ou l'approche de Gurdjieff. La valeur d'un maître ne tient pas à ce qu'il ou elle sait, mais à son aptitude à mettre en perspective, à intégrer dans un ensemble ce que l'élève lui-même vient à expérimenter. Voilà ma spécialité : je suis un expert en matière d'intégration et de rééquilibrage. Si l'envie me prenait d'être sarcastique, je me présenterais comme un chiropracteur cosmique. Pour prendre une meilleure analogie, disons que je suis comparable à un ingénieur chargé de tester la solidité d'une construction. Si le test révèle des faiblesses de structure, le bâtiment doit être renforcé et rééquilibré. C'est précisément ce que je sais faire. C'est là que j'interviens.

Et puisque nous sommes dans les analogies, essayons-en une autre : ce travail m'est souvent apparu comparable à la confection d'un beau sabre de samouraï. Il faut mettre l'acier dans le four d'une manière très particulière, pendant un temps précis. Puis on le retire, on le trempe un peu, on le laisse refroidir avant de le remettre au four pour un moment. De nouveau, on le retire, on le trempe et le laisse refroidir puis on le remet au four... et ainsi de suite. De même, le travail effectué avec les élèves est un processus très long et soutenu que le maître accomplit en se fiant à son instinct.

*
* *

Cette voie bâul ne ressemble pas à l'approche zen dans laquelle l'instructeur vous regarde et s'écrie « réveillez-vous ! Réalisez la réalité ! ». Ni à celle du yogi qui dira : « voilà la vérité. Dieu est dans votre coeur. Alors pourquoi continuer à avoir des problèmes ? Dieu est dans votre coeur ! Vivez-le, voilà tout ! ». Dans mes débuts, je me suis essayé à cette approche et j'ai découvert que les gens se faisaient beaucoup d'illusions. Ils croyaient vraiment vivre cela. Des hommes venaient me trouver et me disaient : « Je vis l'illumination. Mais ma femme... vous savez, elle ne comprend rien. Elle est incapable de s'élever spirituellement et je ne peux plus vivre avec quelqu'un de si peu évolué. »

De tels propos m'ont convaincu que ces gens ne vivaient pas ce qu'ils croyaient vivre.

Tout le monde parle de « l'illumination », mais ce terme prête à confusion, à tel point que je ne puis plus continuer à me dire « illuminé ». Je ne suis même pas sûr de savoir ce qu'est l'illumination. Par contre, je distingue fort bien ce qui sonne juste de ce qui sonne faux, ce qui est intégré de ce qui ne l'est pas. Aussi puis-je travailler avec les gens, les aider à s'affiner et à rester sur la voie. Cela, je m'en sais capable. Quant à l'illumination... à Dieu de s'en occuper. Peut-être a-t-il quelques lumières sur la question.

Ensemble, nous allons commencer à approfondir. N'essayez pas de tout comprendre au fur et à mesure ; faites seulement preuve d'une curiosité candide. Je vous en prie, n'entretenez pas une impression de réussite ou d'échec selon que vous aurez ou non tout saisi intellectuellement. Soyez plutôt à l'écoute de ce que vous ressentez.

La transmission de la réalité réside souvent dans ce que vous éprouvez en présence de quelqu'un. Cela ne tient pas tant à ce que dit ou fait la personne ou à la profondeur de son inspiration artistique qu'à ce qu'elle *est*, quels que soient ses titres et attributs. Contrairement à ce que vous supposez, les réponses les moins sérieuses à vos graves questions s'avèrent souvent les plus précieuses. A ce propos, je me souviens d'une célèbre histoire zen : dans ce koan, un instructeur de tempérament très spontané tombe sur deux moines en train de se disputer à propos d'un chat. Les moines habitent le même monastère mais sont logés dans des dortoirs différents et chacun désire garder le chat chez lui. Le maître qui s'appelait Nanzen, si mes souvenirs sont exacts passe un moment à observer la situation. Puis il s'avance vers les deux moines qui se disputent ce pauvre chat, se saisit de la bête et s'écrie : « vite, dites-moi, le drapeau vole-t-il parce que le vent souffle ou le vent souffle-t-il parce que le drapeau vole ? Répondez immédiatement sinon je coupe le chat en deux. » Les moines sont tellement choqués qu'ils demeurent sans voix et Nanzen coupe le chat en deux.

Si vous connaissez un peu la tradition bouddhiste, vous savez qu'elle repose sur « l'ahimsâ », la non-violence. Que les deux moines de l'histoire aient pratiqué le zen ou tout autre forme de bouddhisme ne change rien à l'importance, pour eux, de la non-violence. Outre « l'ahimsâ », ils avaient certainement fait le voeu du bodhisattva, s'engageant à sauver tous les êtres vivants et non uniquement la race humaine. Cette tradition et ce voeu ne permettaient certainement pas d'expédier un chat au nirvana en le coupant en deux. C'est pourquoi l'action du maître les a laissés sans voix, a momentanément immobilisé leur mental.

Dans mon travail avec mes élèves, j'ai souvent recours à des catalyseurs situés hors de portée de l'intelligence rationnelle. Car là où l'esprit ne peut comprendre, le corps, lui, saisit toujours quelque chose. L'information est certes utile, mais sentir instinctivement la nature de ce travail est encore plus utile. Il s'agit alors de se sentir redevable envers ce travail, qu'on le comprenne ou non. Selon Werner Erhard, « la compréhension n'est qu'un attrape-nigaud». M'est avis qu'il a raison.

Si vous apprenez quoi que ce soit durant le temps que nous allons passer ensemble, ce ne sera pas pour avoir acquis de nouvelles lumières en matière de pratique spirituelle; ce que vous retirerez de nos rencontres sera fonction de votre aptitude à observer votre propre expérience. Je ne vais pas patiemment vous expliquer toutes mes réponses à vos questions afin que vous obteniez une sorte de satisfaction intellectuelle. Ce n'est pas ainsi que je m'y prends. Mon travail consiste à *provoquer l'expérience.* Dans un deuxième temps, soit je la définis, aidant ainsi la personne touchée à saisir ce qui s'est passé, soit je table sur sa sensibilité, son intelligence, sa volonté profonde de travailler sur elle-même et la laisse trouver toute seule. Vous êtes tous des gens intelligents, cela ne fait aucun doute. Malheureusement l'intelligence ne remplace ni le bon sens, ni l'intention d'être vulnérable et ouvert ; toutes qualités en l'absence desquelles un maître ne saurait faire quoi que ce soit de vous.

On raconte qu'un yogi indien passait de longues périodes en méditation. Pendant des jours, cet homme était en samâdhi, une sorte d'extase. Un jour, alors qu'il était en train d'étudier les Ecritures, il demanda nonchalamment à sa femme ce qu'elle préparait pour le dîner. « Tes samosas préférés » répondit-elle. Il en fut ravi. Juste avant le dîner, il décida de méditer un peu et, comme d'habitude, il entra en samâdhi. Mais cette fois il demeura quinze ans dans cet état béatifique. Ses cheveux poussèrent, ainsi que ses ongles et il est probable qu'il pissa sur son coussin de méditation, entre parenthèses, je ne sais si vous l'avez remarqué, mais voilà le genre de détails que ce genre d'histoires ne mentionne jamais...

Bref, au bout de quinze ans, le yogi émergea du samâdhi.

A peine eut-il regagné l'état de conscience habituel qu'il brailla : « alors, femme, et ces samosas ? » Elle lui expliqua patiemment que toutes ces années de pratique spirituelle, de sacrifice et de méditation n'avaient même pas fait de lui un homme raisonnable. Pour le yogi, ce fut un grand choc que de réaliser à quel point son épouse voyait juste. Son estomac comptait plus que toutes les expériences spirituelles par lesquelles il était passé au long de sa vie. Il en fut si impressionné qu'il devint le disciple de sa femme.

Les expériences que je tends à provoquer n'ont guère à voir avec le samâdhi ou quelque communion sacrée ; il s'agirait plutôt de la claire observation de ce que vous êtes ici et maintenant. C'est assez facile de générer un climat de béatitude et de légèreté dans une pièce pleine de gens prétendument engagés sur la voie spirituelle. L'extase elle-même n'est pas difficile à générer... Cela dit, il suffit d'une soirée passée avec quelques bonnes bières et la compagne ou le compagnon approprié sur fond de Rolling-Stones pour aboutir au même résultat. Les expériences extatiques ou agréables ne sont pas en elles-mêmes transformantes. Elles ne vous profiteront que si elles sont intégrées, digérées et ravivées en vous d'une manière particulière. Ce qui exige du travail, autrement dit une pratique.

On peut en dire autant des grandes intuitions, de ces moments où il nous semble soudain comprendre quelque chose d'essentiel. Il se peut qu'en suivant un stage ou en lisant un livre vous réalisiez que toute votre existence s'est structurée autour du désir de coucher avec votre mère. Peut-être ne l'oublierez-vous jamais, mais vous n'en aurez pas pour autant découvert quoi que ce soit de réel à votre propre sujet. Il se pourrait également que vous vous perceviez soudain comme un être de lumière, pur et sans tache, une parcelle de Dieu et tout le tralala... Il se pourrait que vous passiez par d'autres expériences, profondes au point d'être indicibles. Tout cela n'a finalement aucune importance. Ecoutez, commençons par le commencement ! C'est vrai, vous n'êtes pas séparé de Dieu, vous êtes une cellule du grand corps divin. Mais si votre comportement instant après instant ne sert pas cette réalité, qu'elle soit vraie ou non n'a aucune importance. Cela vous fait une belle jambe ! Si vous vous trouvez au supermarché à l'instant où quelqu'un laisse tomber un paquet et que vous ne l'aidez pas à le ramasser, qu'est-ce que cela change de savoir que votre être participe à celui de Dieu ?

*
* *

Il n'est pas rare que les interventions d'un maître aient un caractère volontairement spectaculaire. Il m'arrive de faire preuve d'une certaine outrance dans le seul but d'éliminer les gens dont la motivation n'est pas vraiment profonde. Lorsque je vais à l'encontre des préjugés propres à quelqu'un, voire que je dégoûte cette personne, il est fort probable qu'elle va prendre cela très au sérieux. Eh bien c'est une erreur. Par exemple, je fais irruption dans une pièce, regarde toutes les mères et me mets à hurler : «Au nom du Ciel, vous avez mutilé vos enfants ! Quand allez-vous enfin vous rendre compte que vous en faites des infirmes ? » Immédiatement, les mères commencent à se défendre : « Comment pouvez-vous dire une chose pareille... Vous savez bien que j'aime vraiment mon enfant » et bla bla bla... Sans doute passent-elles ainsi à côté d'une belle occasion de s'observer, de voir à l'oeuvre leurs mécanismes d'autodéfense.

Parfois, mes outrances se manifestent autrement que par des tirades. Un exemple : il y a des années, je me promenais à Manhattan avec quelques amis, dans le lower east side* . Il y avait sur le trottoir un gros tas d'ordures recouvert par un vieux matelas.

Il faut dire que ce matelas, tout sale et tout déchiré, n'était vraiment pas beau à voir. J'ai dit : « Oh, quel bon endroit pour se reposer » et m'apprêtais à m'écrouler sur le matelas lorsque deux des femmes qui marchaient à mes côtés m'ont retenu d'une poigne de fer. Elles ont pratiquement hurlé : « Oh, mon Dieu, ce matelas doit être infesté de tous les microbes imaginables. C'est dégoûtant, répugnant ! C'est.... beuurk ! » Vous voyez où je veux en venir ? il s'agissait essentiellement, par mon comportement outrancier, de mettre en évidence le rapport qu'ont les gens à la saleté et à la maladie. De mon point de vue, la plu-

* Quartier plutôt délabré de New-York (Ndt).

part d'entre vous avez certainement dormi sur des matelas infestés de saletés psychiques autrement plus dangereuses que tous les microbes biologiques que vous auriez pu attraper. Suis-je assez clair ?

Au lieu de créer toutes sortes d'épreuves et d'exercices pour faire travailler mes élèves, je m'en tiens à une approche plus conservatrice. J'aime attendre que ce soit l'environnement lui-même qui crée les circonstances, puis je fais fructifier les occasions déjà générées par l'environnement.

Il y a des années, nous avons voyagé en Inde. Nous étions une vingtaine, dix-sept adultes et quatre enfants. Avant de partir, j'avais expliqué au groupe que je n'avais pas envie de m'arrêter dans des hôtels pour Occidentaux mais préférais faire étape dans les endroits fréquentés par les Indiens eux-mêmes. Je préférais aussi prendre des bus plutôt que des voitures et ne m'encombrer que des vêtements que j'avais sur le dos. Tout le monde a d'abord été très excité à la perspective de cette « grande aventure ». Mais bien que nombre de mes compagnons de voyage aient grandi dans des ghettos aux Etats-Unis et fréquenté les rues de New York ou de Detroit, rien ne les avait préparés aux rues de l'Inde. Quand nous sommes entrés dans la chambre d'hôtel où nous devions demeurer plusieurs jours, ils ont écarquillé les yeux, incrédules. Certains, notamment les femmes venues avec des enfants, ont été saisis d'une vague de panique : « Oh non, qu'est-ce qui m'a pris de venir ici ? Allons-nous jamais nous en sortir vivants ? »

Je n'avais pas délibérément essayé de créer des conditions difficiles susceptibles de faire lever des réactions chez les uns et les autres ; le voyage en lui-même créait de telles conditions. C'est pourquoi j'y ai recours dans mon travail.

Ce type d'enseignement ne vise pas à dire aux gens ce qu'ils ignorent mais plutôt à leur révéler le caractère dissonant de leur activité présente. Ce travail fait office de révélateur : le pratiquant, vous vous observez vous-même, et cette observation peut vous occuper des années durant. Elle constitue la matière du travail spirituel préliminaire. Finalement, en quoi consiste l'action du maître ? En quoi une « Ecole » spirituelle crée-t-elle des conditions favorables ? Le maître ou/et « l'Ecole » cernent les stratégies habituelles de votre ego, autrement dit toutes les façons dont vous vous y prenez pour ne pas voir qui vous êtes réellement, et vous mettent le nez dessus. Par exemple, lors de mon premier séjour en Allemagne, je me trouvais dans une salle pleine de thérapeutes. J'ai délibérément formulé une remarque vicieuse à propos des nazis, sur un ton froidement sentencieux et en prenant une expression cruelle. Tout s'est arrêté net. Toutes les personnes présentes étaient en état de choc. Certains ont commencé à pleurer, cependant que d'autres devenaient de plus en plus agités. Une femme s'est écriée : « arrêtez ! ». Je me suis donc interrompu et cette femme a pris la parole : « ce n'est pas que nous refusions de vous écouter, mais nous n'avons pas l'habitude qu'on nous parle ainsi. Il faut que vous le compreniez. »

J'ai répliqué : « c'est précisément la raison pour laquelle je vous ai parlé de la sorte. Une dynamique culturelle telle que celle par laquelle vous vous justifiez est le produit d'une certaine forme de structure égotique. On ne peut s'en tirer simplement en disant : “ oh, vous savez, nous sommes comme ça, voilà tout... soyez patient avec nous... ”

La question est la suivante : “ voulez-vous changer un jour ?”» Les gens ont hoché la tête en signe d'assentiment. L'atmosphère était déjà plus paisible et j'avais pris un autre ton de voix : « vous ne vous transformerez jamais en fuyant les choses qui vous paraissent trop inconfortables ou trop difficiles à gérer. Agissant ainsi, vous ne faites que différer le problème. Vous serez toujours allemands, de même que les Français seront toujours français, les Russes russes et moi américain. Ce sont justement ces distinctions culturelles, les différences de langue, de traditions artistiques et d'atmosphère qui rendent la vie intéressante. Mais la névrose propre à chaque culture, de même que la névrose propre à chaque individu au sein de cette culture, sont incompatibles avec un chemin de transformation. » A partir de là, nous avons poursuivi notre échange.

J'aime à répéter que la meilleure des mises à l'épreuve est celle du temps. Nombre d'élèves se figurent que le maître va les mettre à l'épreuve pour voir s'ils sont de bons disciples, dignes de recevoir l'enseignement ; en réalité, les êtres humains sont psychologiquement si impatients et changeants que le temps constitue la plus grande des épreuves. Le temps qui passe teste les élèves bien mieux que ne pourraient jamais le faire l'instructeur ou le maître. Prenons le cas de quelqu'un chez qui la tendance à se laisser distraire et à toujours rechercher une gratification immédiate est plus forte que le désir de suivre la voie : cette personne va s'éliminer d'elle-même sans que j'ai à faire quoi que ce soit. Elle va se sentir frustrée puis douter de l'aptitude du maître à transmettre quoi que ce soit.

Je voudrais partager avec vous une étonnante histoire bouddhiste à propos du grand maître nommé Marpa et d'un grand disciple nommé Milarepa qui lui-même devint plus tard un maître. Au début, Milarepa était un expert en magie noire. Il avait des pouvoirs et en voulait encore davantage. Il recherchait les êtres capables de lui dispenser cette sorte d'enseignement et si quelqu'un refusait de lui donner ce qu'il voulait, il usait de ses pouvoirs pour le détruire en le tuant, en le rendant malade ou en lui enlevant tous ses biens.

Un jour, alors qu'il se trouvait à la campagne pour pratiquer la magie, sa mère mourut. Lorsqu'il l'apprit, il fut la proie d'un profond chagrin, car il l'aimait et n'avait pas d'autre famille. Sa douleur lui fit comprendre que sa magie et tout ce qu'il avait appris était sans valeur puisque rien ne pouvait le soulager de ce chagrin. Il en vint alors à la conclusion qu'il lui fallait trouver un autre type d'enseignement.

Ainsi commença un long et difficile voyage durant lequel Milarepa demandait à toute personne qu'il rencontrait de lui recommander un bon maître. Beaucoup lui suggérèrent d'aller trouver un nommé Marpa qui demeurait au Tibet. Milarepa se rendit donc en ce pays et demanda à Marpa s'il pouvait devenir son élève. Marpa répondit : « Je n'en suis pas sûr. Je dois me faire construire une maison. Peut-être pourriez-vous la bâtir. Je vous observerai et jugerai ainsi de votre aptitude. »

Milarepa se mit au travail et entreprit de construire la maison de ses mains, avec de grosses pierres, tant et si bien qu'il s'épuisa. Constatant cela, Marpa envoyait sa femme lui porter un peu d'eau et de gruau de riz. « Je suis très pauvre, disait-il à l'élève, et ne puis vous offrir beaucoup de nourriture. Mais ceci devrait suffire à vous remplir l'estomac. » Ces repas étaient en fait insuffisants, de sorte que très vite, Milarepa commença à perdre du poids et devint très faible. Il n'en continuait pas moins à travailler.

Alors que la maison était pratiquement terminée, Marpa vint la voir et prit un air très contrarié. « Oh, dit-il à Milarepa épuisé, j'ai commis une terrible erreur ; je vous ai demandé de bâtir la maison au mauvais endroit. Veuillez la démonter, transporter les pierres à l'autre bout du champ et la reconstruire là-bas. »

Pour résumer, cette situation se répéta quinze années durant. Marpa disait à Milarepa : « Oh, je devais être ivre lorsque je vous ai demandé de la bâtir à cet endroit. » Il trouvait toujours une excuse et ne cessait d'exiger de Milarepa qu'il détruise la maison et la rebâtisse ailleurs ou dans un style différent.

Milarepa devint si faible que ses os se brisaient. Il lui arrivait d'être si en colère qu'il jetait les pierres et faisait mine de s'en aller en s'écriant : « je n'en peux plus, j'en ai assez fait. Qu'attend donc le maître ? » Lorsque cela se produisait, Marpa pleurait sincèrement en voyant la souffrance qu'endurait son élève ; mais il savait que ce processus préparatoire ne devait pas être prématurément interrompu.

L'épouse de Marpa, Dieu soit loué de nous avoir donné les femmes et leurs voies détournées, était si émue par Milarepa et la profondeur de son engagement qu'elle quittait la maison au milieu de la nuit tandis que le maître dormait, pour lui apporter un supplément de nourriture. « Continuez » lui disait-elle, vous arrivez au bout de vos peines. Accrochez-vous. Je sais qu'il ne tardera pas à vous dispenser un enseignement. N'abandonnez pas maintenant. » Aussi Milarepa persistait-il dans ses efforts.

Au bout de quinze ans, Marpa donna effectivement un enseignement à Milarepa. Il lui transmit une forme de méditation puis l'envoya méditer quelques années dans une grotte en montagne. Milarepa médita selon les instructions de son maître et ne se nourrit que d'orties, ne pouvant là-bas trouver d'autres aliments, si bien que sa peau finit par tourner au vert.

Vint enfin un moment où Milarepa recueillit tous les fruits de sa méditation. Marpa le reconnut et se contenta de lui dire : « tu n'as plus besoin de moi. Va enseigner et transmettre ». Ce que fit Milarepa.

*
* *

Il y a des années, je parlais à un lama tibétain du nom de Geshe Wangyal. C'était un homme très âgé, très sage et hautement respecté. Il est aujourd'hui décédé. Je n'enseignais que depuis quelques mois alors que lui enseignait depuis trente ans ; je voulais donc savoir comment mon travail avec mes élèves pourrait évoluer et lui demandai :

« Avez-vous des élèves comparables à Milarepa ? » Il se mit à rire, d'un rire hystérique, puis commença à tousser. Ses élèves avaient peur qu'il ait une crise cardiaque. Il continua un moment à rire et à tousser puis essuya une larme, devint grave et me dit : « nous sommes en 1975. De nos jours, il n'y a plus de Milarepa ! »

Si nous sommes nés à tel endroit et à telle période, nous n'y pouvons rien ; de même, si notre éducation nous a rendus impatients, constamment avides d'auto-gratification, nous n'y pouvons rien. Est-ce notre faute si nous ne sommes pas prêts à payer pour ce qui est vraiment précieux tout en dépensant des sommes folles pour acquérir des objets dénués de valeur réelle ? Récemment, par exemple, aux Etats-Unis, après la mort d'Andy Warhol, on a vendu aux enchères sa collection de boîtes à biscuits. On l'a estimée à près de 15 000 dollars, mais elle s'est vendue environ 115 000 dollars, simplement parce qu'il s'agissait des boîtes à biscuits d'Andy Warhol...

Si j'attache beaucoup de prix à cette histoire, je n'en fais pas pour autant avec mes élèves un travail comparable à celui de Marpa. Non que je ne reconnaisse pas ce dont les gens auraient besoin ou le bénéfice qu'ils pourraient retirer de semblables efforts ; c'est plutôt que nous tous, moi compris ne sommes pas disposés à estimer ce travail à sa valeur réelle. La psychologie de notre culture est si tordue que la plupart des gens sortent d'un film de Sylvester Stallone en se sentant bien : ils se sont identifiés au grand héros et ont l'impression de pouvoir mieux gérer leur existence, simplement parce qu'ils sont un peu « remontés ». Ils se prennent pour Rambo...

Marpa a obligé Milarepa à s'exercer pendant quinze ans. Pour ma part, je laisse le temps éliminer les impatients, ceux qui ne sont pas prêts à investir un minimum de temps et d'énergie dans cet enseignement.

*

* *

A ce stade, peut-être êtes-vous en mesure de voir que mon but est de vous irriter. Si vous partez contents, j'aurai le sentiment de n'avoir pas fait ce que je devais. Bien sûr, être superficiellement content et se sentir satisfait sont deux choses différentes. J'aimerais donc que vous partiez satisfaits, mais pas nécessairement contents. En fait, si vous comprenez vraiment ce que je raconte, sans doute vous sentirez-vous satisfaits mais très mécontents. Le travail que je représente ne vous permet pas de n'en faire qu'à votre tête. Essentiellement, ce travail ne vous laisse pas le choix, il réduit vos options au lieu de les élargir.

II

LA NATURE DU TRAVAIL

Quand les gens entreprennent une recherche, ils s'imaginent souvent que le fait de devenir plus conscients va leur permettre de mieux choisir, de mieux jouir de leur libre-arbitre. En fait, le libre-arbitre n'existe pas. Soit on est mené par la mécanicité de l'ego (auquel cas, on ne décide rien, on est programmé à faire tel ou tel choix) soit nous sommes mûs par la volonté de Dieu et dans ce cas, nous ne décidons rien non plus.

Tout de même, sans doute pensez-vous pouvoir faire certains choix dans votre existence : vous croyez pouvoir choisir vos fréquentations, votre boulot, votre nourriture, déterminer quelles odeurs vous plaisent ou vous déplaisent... Pourtant, d'un strict point de vue psychologique, il est facile de prouver que l'ensemble de vos « choix » se fondent sur des données inconscientes par lesquelles vous êtes implacablement déterminés, autant que par la gravitation lorsque vous sautez d'un avion sans parachute.

Peut-être avez-vous déjà l'impression d'avoir une vie extraordinaire parce que vous osez gémir, voire hurler sans inhibitions lorsque vous faites l'amour ou soupirer face à une oeuvre de Michel Ange ; mais cela aussi, c'est complètement mécanique. Ce n'est pas parce que vous avez la larme à l'oeil en écoutant Bach, Chopin ou Mozart que vous êtes vraiment capable d'apprécier l'art. Le mental s'y entend si parfaitement à imiter les émotions que vous êtes certain de ressentir quelque chose alors qu'il ne s'agit que d'une simulation intellectuelle.

Le travail que je représente vous offre la possibilité de fonctionner en accord avec la volonté de Dieu, cette énergie universelle toujours en harmonie parfaite avec la marche ou l'évolution de toute la création, au lieu d'être mené par la mécanicité de l'ego. C'est pourquoi ce travail suppose que votre esprit passe par une révolution. Seul celui dont l'existence n'est plus tout entière régie par le seul mental devrait avoir l'audace de prononcer ce que les bouddhistes nomment le voeu du bodhisattva, le serment de sauver tous les êtres vivants avant de faire son propre salut. (Au fait, je connais beaucoup d'hommes qui, à les en croire, seraient ravis de sauver toutes les femmes du monde. Cela me fait penser à un dessin vu récemment dans un journal américain. Deux femmes papotent et l'une dit à l'autre : « tu sais, plus je connais les hommes, plus j'aime mon chien. » Ainsi, beaucoup d'hommes voudraient sauver toutes les femmes et nombre de femmes désirent tout simplement avoir de bons chiens. Bon, maintenant que vous avez eu un aperçu de mon humour, venons-en à des questions plus sérieuses.)

La première chose qui cloche, si nous envisageons de prononcer le voeu du bodhisattva, c'est que nous sommes fondamentalement égoïstes. Peut-être serons-nous disposés à sauver quelques être vivants si nous avons quelque chose à y gagner, mais de là à sauver l'humanité entière... cela ne nous passionne pas tant que ça. Second problème : nous n'éprouverons vraiment le désir de sauver des êtres vivants que si nous ressentons leur souffrance. Or, pour la plupart des gens, voilà bien quelque chose d'impensable. Notre propre souffrance ne nous suffit-elle pas ? Nous avons nos femmes, nos maris, nos enfants, nos parents à l'agonie, il nous faut partout supporter des infirmes sur le plan émotionnel, que nous soyons ou non thérapeutes... Nos existences sont déjà bourrées de souffrance du seul fait de nos relations avec les autres. Le corps physique est également source de souffrance. Il y a des périodes où nous tombons malades, où nous nous sentons faibles, fatigués ; sans parler de toutes les souffrances qui surviennent lorsque nous relâchons notre attention ; en outre, nous sommes déçus de constater que le reste du monde s'obstine à ne pas agir comme nous l'entendons. Bref, nous souffrons sans cesse et en profondeur. C'est pourquoi cela nous dépasse d'envisager de prendre sur nous, autrement dit de ressentir la souffrance des autres, surtout si ces autres connaissent des existences bien moins saines ou paisibles que les nôtres à l'heure actuelle. Vous connaissez l'expression : « il faudrait être fou pour envisager une chose pareille ». Eh bien, c'est exactement ça. Il faut être fou. C'est pourquoi le fait de s'engager dans ce travail présuppose une révolution intérieure.

Comprenez que se détourner de ce travail, c'est tourner le dos à l'humanité et à la vie elle-même. Mais, là encore, pour la plupart, nous tournons déjà le dos à la vie sans même en être conscients, alors... Rien que comprendre cela fait déjà froid dans le dos. Songez que toutes nos existences, nos passions, nos amours, nos idéaux n'ont été que pure mécanicité ! Il est des relations où, d'un commun et mécanique accord, on se chamaille sans cesse et d'autres où, d'un commun et mécanique accord on s'entend à peu près bien. Que l'on s'entende bien ou mal, la mécanicité, c'est la mécanicité. Ce qui ne veut pas dire que, une fois ce point saisi, vous regarderez soudain votre femme ou votre mari et vous écrierez : « Oh, mon Dieu, je me suis trompé ! » Ni que vous vous tournerez vers votre chien en vous exclamant : « Ciel, un setter irlandais ! Comment ai-je pu faire une chose pareille ? » Non, réaliser votre propre mécanicité vous donne justement une chance d'y échapper. Il se pourrait qu'enfin votre relation à votre entourage se fonde sur la vérité et la réalité plutôt que sur des convenances mécaniques.

Il ne faut pas prendre ce travail à la légère, sans doute aurai-je encore maintes fois l'occasion de vous en avertir. Peut-être allez-vous penser que c'est tout simplement mon style de dispenser ce genre d'avertissements, que j'ai recours avec vous à des techniques psychologiques... En fait, je suis très sérieux. Lorsque vous vous êtes engagé en profondeur dans ce travail au point de ne plus pouvoir tourner le dos à la vie, si vous essayez de le faire, elle vous détruira. A bon entendeur...

*

* *

L'un des objectifs de ce travail est de transformer un être capable de bien des formes de violence en une personne incapable de causer le moindre dommage à la vie. Cette transformation ne s'accomplit pas facilement. Travaillant depuis dix-huit ans avec certaines personnes, je me dis que nombre d'entre nous seraient horrifiés s'ils savaient à quel point ils sont susceptibles de sortir de leurs gonds, pour peu que l'on fasse jouer le détonateur approprié. Par exemple, beaucoup d'hommes se croient incapables de la moindre violence, en particulier envers les femmes. Moi, battre une femme ? Jamais ! Cette seule pensée les rend malades. Pourtant, si vous placez ce même homme dans les circonstances appropriées et pour un temps suffisant avec la « mauvaise femme », il est fort probable qu'il s'aperçoive qu'au tréfonds de lui-même sommeillait une extrême violence.

Tant que nous fonctionnons mécaniquement, violemment, que nous sommes menés par nos dynamismes psychologiques, nous restons incapables de nous consacrer à un but supérieur. Or, le vrai travail spirituel consiste précisément à servir ce qui nous dépasse. Même si vous travaillez dans un hôpital et vous occupez ostensiblement des autres, vous mettre au service de ce qui vous dépasse demeure littéralement impossible tant que vous fonctionnez à partir d'un état de conscience limité par la mécanicité. Le vrai travail ne commence que lorsque nous sommes libres de toute mécanicité. L'illumination n'est pas un aboutissement mais seulement un début. Sans s'être soi-même transformé, on ne saurait servir quiconque car nous sommes tout simplement trop égoïstes.

*
* *

La plupart des gens admettront volontiers avoir vécu les expériences les plus satisfaisantes de leur vie lorsqu'ils ne se percevaient plus en tant qu'entités séparées ou isolées. Par exemple, vous vous promenez dans un parc et voyez deux enfants en train de jouer. Le spectacle de leur liberté et de leur innocence vous fait vous oublier vous-même. Ce n'est que lorsque vous commencez à revenir à votre identité que vous réalisez avoir connu une extase ou une joie profonde en regardant ces enfants. Paradoxalement, nous luttons pour maintenir ce sentiment d'indépendance et d'isolement tout en sachant intellectuellement qu'il est la source de notre souffrance et quel bonheur nous éprouvons quand nous nous évadons de la relation duelle entre le sujet et l'objet... quand nous cessons momentanément de nous définir de manière rigide.

Ce travail consiste à soumettre tout ce par quoi vous vous définissez à ce que nous nommons Dieu mais qui en fait échappe à toute définition et ne saurait être analysé.

C'est alors que se pose la question : comment être certain que vous vous soumettez vraiment à Dieu et non à quelque gigantesque ego ? Je crois que nous sommes tous aptes à reconnaître la vérité lorsqu'elle nous atteint dans sa nudité, mais que rares sont les personnes prêtes à l'assumer et à agir en conséquence, parce que c'est tout bonnement trop difficile. Tout être humain sait instinctivement quand sa vie se trouve en harmonie parfaite avec l'énergie universelle. Mais, pour la plupart, nous préférons tourner le dos à ce sentiment et privilégier nos dysharmonies. En effet, il n'y a rien qui ne nous ébranle et ne nous bouleverse davantage que de tirer les conséquences de cette reliance qui, en outre, nous fait nous sentir réellement seuls. Refuser de se sentir relié revient en fait à nier la vérité et blasphémer. Et c'est précisément ce que nous ne cessons de faire.

Au bout d'un moment, ce déni devient une habitude et nous n'en sommes même plus conscients. Non seulement nous nions connaître la vérité, mais en plus nous commençons à affirmer que tout va bien, que nous sommes en parfaite harmonie, etc.

Notre sensibilité s'émousse. Imaginez par exemple que quelqu'un vous aborde dans la rue en disant : « Oh, je n'ai jamais vu une chemise aussi affreuse. Où l'avez-vous achetée ? » Nous allons, pour la plupart surtout si nous sommes de sexe masculin croire que nous éprouvons quelque chose : que nous sommes en colère, vexés, que sais-je... Il est fort probable que vous aurez recours à une réaction émotionnelle de surface afin de dissimuler la pauvreté de ce que vous éprouvez réellement. Je maintiens qu'inconsciemment, nous nous entraînons à réagir fortement à ce qui nous arrive pour mieux masquer la vérité, à savoir que nous ne ressentons rien. En fait, nous n'en avons rien à foutre...

Allons, voyez la vérité en face : nous sommes anesthésiés, égoïstes et sans coeur ! Il se peut que les gens nourrissent les plus hauts idéaux lorsqu'ils commencent ce travail : ils se disent désireux de « servir Dieu », « d'aider l'humanité », « d'être un bodhisattva et d'éliminer la souffrance »... Mais la vérité, c'est que nous souffrons et aspirons à ne plus souffrir. Si nous entreprenons ce travail, c'est, que nous l'admettions ou non, dans un but égoïste, pour nous débarrasser de nos propres souffrances. La bonne nouvelle, c'est que si nous persévérons, si nous traversons suffisamment de crises transformantes, il se pourrait que nous finissions par tout simplement servir Dieu.

Est-ce que vous me croyez ? Si oui, vous ne devriez pas. Mon expérience m'a montré qu'il était trop difficile de travailler avec des gens qui ne viennent à moi que parce qu'ils ont foi en ce que je dis. Plutôt que de me croire, remettez-vous-en à votre propre intuition. Que vous dit-elle eu égard à la justesse de mes propos ? On ne peut commencer ce travail sans un certain degré de compréhension instinctive.

Je maintiens que n'importe qui est physiquement apte à faire ce travail et que l'opposition provient du seul mental. Les gens n'y sont pas psychologiquement disposés. Ce qu'il faut surtout, c'est être assez obstiné pour se souvenir du premier choc reçu par exemple la première fois que le maître nous dispensa un enseignement au milieu de tous les doutes, de tous les conflits et incertitudes qui se feront nécessairement jour au fur et à mesure que l'on progressera dans le travail. Si vous reconnaissez la valeur du travail qui vous est offert ici et commencez à vous y engager, une réelle transformation, physique, je dirais même cellulaire, prendra place. Mais souvenez-vous : si la mutation d'une chenille en papillon est un processus naturel et gracieux, elle n'en est pas moins traumatisante. Toute crise ou éruption en fin de compte destinée à nous rendre la santé est en un sens une épreuve.

Quand je parle ici de « traumatisme », c'est pour décrire une certaine dynamique de l'énergie et sans que ce mot ait nécessairement une connotation négative. Il y a des années je me suis fait masser selon la méthode « Rolf » ; il s'agit d'un traitement corporel en profondeur qui travaille sur les tissus et peut être très douloureux. Dans la pièce voisine, il y avait un type qui venait toujours se faire traiter aux mêmes heures que moi. Chaque semaine, j'arrivais, m'allongeais sur la table et, inévitablement, le type d'à-côté commençait à gémir et à hurler. Vous n'avez pas idée du bruit qu'il faisait. Mon masseur me disait : « ça, c'est l'hymne du « rolfeur ». Le processus était bel et bien traumatisant, mais tous ces hurlements aboutissaient en fin de compte chez la personne traitée à une certaine forme de liberté.

On pourrait en dire autant du travail spirituel. Je ne puis vous promettre que vous ne connaîtrez jamais la moindre crise, ne subirez jamais le moindre traumatisme ou ne passerez pas de temps à autre par des moments vraiment difficiles, et cela quel que soit le chemin pour lequel vous optez. Si vous suivez un maître authentique, le chemin comprend non seulement ses pièges mais aussi ses passages très difficiles. Mais encore une fois, c'est là le seul travail au monde qui en vaille vraiment la peine.

*
* *

Ce travail ne vise pas à vous transformer en un personnage inexistant, dépourvu de toute passion, sans visage et sans nom, toujours vêtu de la même manière et entretenant toujours les mêmes pensées. Le travail que je représente vise à conduire les gens et pour atteindre cet objectif, tous les moyens me sont bons : la séduction, les menaces, l'emploi de la tricherie pour les faire devenir les individus uniques qu'essentiellement ils sont déjà, en m'appuyant sur ce qu'il y a en eux de clair et de libre plutôt qu'en me plaçant du point de vue de leur névrose et de leurs faiblesses. Néanmoins, cette transition ne s'effectue jamais facilement. Il y aura des moments très difficiles et je ne les aime pas plus que vous. D'un autre côté, si nous voulons obtenir de cette vie le maximum qu'elle puisse nous donner, il nous faut en payer le prix. C'est comme ça.

A Munich, quelqu'un m'a demandé s'il était nécessaire de « renoncer au monde » pour suivre un chemin spirituel et j'ai répondu par la négative. Il ne s'agit pas de renoncer à vos précieuses possessions ni même à votre amour-propre ; c'est à la manière dont vous vous situez aujourd'hui vis-à-vis de tout cela, vos biens, votre amour-propre, que sais-je ?, qu'il vous faut renoncer. Considérez la plupart des saints chrétiens, par exemple Saint François d'Assise et Sainte Thérèse de Lisieux : voilà deux personnes qu'aujourd'hui l'on n'hésiterait pas à classer au rang des psychotiques. Néanmoins, leur réel déséquilibre ne les a pas empêchés d'entretenir avec Dieu une relation très profonde.

L'une des choses les plus difficiles à admettre eu égard à la transformation intérieure, c'est que les éléments de notre existence ne vont pas nécessairement changer. Quelqu'un qui connaît une transformation intime ne va pas forcément léviter, traverser les murs ou arrêter de ses mains nues des balles de revolver. Il y a des années, dans notre communauté en Arizona, nous avons formé une équipe de base-ball et nous sommes inscrits au pire club de la ville, celui où échouaient les joueurs les plus lamentables. Le capitaine de l'équipe n'était autre que « Monsieur Réalisation » en personne, à savoir moi-même. En trois ans de compétition, nous avons battu un record : nous n'avons jamais gagné un seul match ! L'intéressant, c'est que nous avons commencé à avoir notre petit groupe de fans en ville du seul fait de notre attitude vis-à-vis de la défaite. Les gens s'amusaient tellement à nous regarder jouer qu'ils assistaient à tous nos matches. Nous étions battus avec un score de 35 à 2 et nous éclations de rire, nous nous tapions dans le dos en disant : « ah ah, on a encore marqué zéro but, ah ah ah ! »

Notre travail spirituel n'avait pas fait de nous de meilleurs joueurs de base-ball ; il nous avait donné la capacité de prendre d'une manière inhabituelle le fait de recevoir une raclée à chaque match, raclée infligée à notre vanité, bien entendu et non à notre corps physique...

La transformation se fait dans l'action, au coeur de l'activité. Ce n'est pas un état passif ou statique comme le samâdhi ou le satori, lesquels ne sont pas en eux-mêmes transformants. Ce qui s'avère transformant, c'est le travail que vous commencez à faire, ou les changements que vous introduisez dans votre façon de vivre, à partir de l'inspiration que vous ont insufflé ces états de béatitude et de non-dualité. C'est au coeur même de ce que vous êtes, de votre devenir en tant qu'êtres humains, dans la matière même de vos luttes, de vos névroses, de vos peurs, de vos joies, de vos passions, que vous allez servir Dieu et non en niant votre humanité ou en vous en distanciant.

*
* *

Nombre de traditions font référence au fait de « mourir avant la mort ». Saint Paul de Tarse le mentionne, et l'on trouve chez les soufis la notion de « mort dans cette vie ». Ceci se réfère, entre autres, à la capacité d'être différent d'un être humain ordinaire tout en demeurant incarné sous une forme humaine ordinaire ; par contre, cette « mort » ne procède pas de quelque désir métaphysique de transcender des pulsions répugnantes. Le processus de transformation que met en branle ce travail fait de cette usine purement chimique ou biologique que nous sommes au départ un laboratoire alchimique. Par exemple, au lieu d'être simplement apte à transformer ce que nous ne pouvons assimiler en excréments, par une opération naturelle du corps, nous devenons capables de changer une matière donnée en une substance d'un tout autre ordre. Un sage indien, Nisargadatta Maharaj, a dit : « la psychothérapie peut changer un mauvais ego en bon ego, mais elle ne peut rien accomplir qui touche à la structure même de l'ego. » Cela demanderait, en effet, une sorte d'alchimie. Les alchimistes anciens et contemporains avaient recours à la métaphore du plomb changé en or pour décrire ce processus.

Lorsque quelqu'un médite, les effets subtils de cette méditation affectent littéralement toute l'atmosphère terrestre. Voilà une forme d'alchimie susceptible d'avoir de fortes répercussions. De même, Bach, Mozart ou Chopin ne se sont probablement pas assis pour méditer avant de composer, mais leur musique a jailli de ce même ordre de réalité auquel les gens ont accès lorsqu'ils méditent. Les messes de Bach, les sculptures de Rodin et les peintures du Greco recèlent un certain pouvoir, et les artistes eux-mêmes en recelaient bien davantage. Un être humain qui se développe dans une certaine ligne, un être humain transformé selon cette alchimie, devient une vivante oeuvre d'art. Ces créations vivantes, telles celles que furent avant leur décès Ramana Maharshi, le Karmapa ou Susuki Roshi, se répercutent bien au-delà de la réalité terrestre et relative. Par « bien au-delà », je n'entends pas une distance mesurable en années-lumière, mais une communication interstellaire ou interdimensionnelle. L'alchimie de la conscience, qui est une transformation, nous fait passer du contexte du « moi » à celui du « non-moi ». Ce qui ne signifie pas que l'on cesse d'exister ou que l'on perde conscience ; simplement, l'on se perçoit en tant qu'élément d'un tout. On fonctionne alors en harmonie avec l'environnement dont on est partie intégrante au lieu de constamment s'y opposer sous l'effet d'un besoin d'entrer en compétition ou de maintenir une séparation.

« L'Ecole » et l'enseignement que je représente sont bel et bien centrés sur une transformation, de même nature que celle subie par des êtres tels que le Karmapa, Ramana Maharshi ou Susuki Roshi. Ce processus de transformation s'accomplit avec le temps pour toute personne qui s'y engage honnêtement. En outre, il ne s'agit pas d'un processus linéaire, jalonné d'étapes prévisibles que l'on pourrait d'avance énumérer (phase 1, phase 2, phase 3, etc.). Notre structure et la trame tissée entre tous les éléments de notre être sont trop complexes pour qu'une démarche linéaire s'avère vraiment efficace. Reste que certaines conditions ou habitudes de vie telles que l'étude, la méditation, l'exercice physique, un régime végétarien, une certaine manière de se situer face à nos relations prédisposent à la transformation, et c'est pourquoi je vous les recommande. Ces disciplines, si elles nous orientent dans la bonne direction, ne produisent pas de résultats linéaires. Nous ne méditons pas pour atteindre un but mais pour créer une certaine vulnérabilité, une certaine ouverture, une certaine réceptivité. On pourrait en dire autant de tout ce que je recommande en la matière à mes élèves.

*
* *

L'adoption d'une discipline n'est aucunement incompatible avec une existence fluide, accordée à la volonté de Dieu. Au contraire, discipline et structure forment une sorte de matrice à l'intérieur de laquelle cette spontanéité a tout loisir de jaillir. Thomas Merton, par exemple, était trappiste, membre d'un ordre de moines cloîtrés extrêmement strict en matière de vie ascétique. Merton disait que si les moines étaient entrés au monastère, c'était pour y célébrer Dieu, que leurs relations entre eux étaient très plaisantes et pleines d'humour, même s'ils demeuraient la plupart du temps en silence.

Dans ce travail, il ne s'agit pas tant de rejoindre Dieu que de permettre à sa volonté de devenir une force active dans notre existence. Les stratégies de l'ego, notre mécanicité, notre vision de la vie et de la dualité constituent de très efficaces boucliers qui empêchent la volonté de Dieu de pénétrer notre être. Et cependant, la bénédiction de Dieu est toujours présente, jamais elle ne cesse d'agir. Nous n'avons pas à la mériter d'une manière ou d'une autre, à grimper des échelons pour être à sa hauteur. Il nous faut seulement créer en nous un espace où elle puisse se manifester ; nous devons devenir réceptifs à ce qui est déjà là et en action. Paradoxalement, le fait que cela puisse prendre un certain temps, voire toute une existence, nous montre bien la futilité de l'ego et de ses prétentions à réussir dans ses entreprises.

*
* *

A mes débuts en tant que guide sur ce chemin, la plupart de mes élèves avaient une vingtaine d'années. S'il arrivait que des personnes de, mettons, quarante-cinq ans, découvrent cet enseignement et se sentent concernées, elles venaient invariablement me trouver pour me dire : « Ecoutez, je vous trouve très bien, je sais que vous proposez quelque chose d'authentique. Mais pour ce qui est de votre communauté... Ces gens sont tellement immatures, et ils ont tellement de mauvaises habitudes... Si je ne reste pas, c'est à cause d'eux. »

Ceux qui me tenaient de tels propos étaient passés à côté de l'essentiel. Ce travail n'exige pas que nous éliminions toutes nos mauvaises habitudes, toutes nos névroses et tous les éléments disharmonieux de notre personnalité ; cela accaparerait toute notre énergie, nous prendrait probablement toute une vie et en fin de compte ne servirait pas à grand chose. L'essentiel de ce travail, c'est de progresser en direction d'un abandon à la volonté de Dieu, auquel cas les choses qui ne servent pas sa volonté cesseront de se manifester, voilà tout.

Donc, travailler à éliminer ses mauvaises habitudes est sans doute une bonne chose ; mais si, dans notre existence, c'est l'abandon à la volonté de Dieu qui prédomine, nos mauvaises habitudes disparaîtront d'elles-mêmes sans que nous ayons quoi que ce soit à faire.

*

* *

Nous naissons, nous grandissons, nous réagissons mécaniquement... et voilà que nous sommes attirés par un enseignement nous suggérant qu'il est possible de ne plus fonctionner mécaniquement. Il existe une loi appelée « loi de l'accident » ; cette loi ratifie un fait d'expérience, à savoir qu'en dépit de tous nos conditionnements, il arrive que nous fonctionnions consciemment et non plus mécaniquement. Lorsque cet événement hautement improbable se produit, il y a création et Dieu se sent vraiment attiré par la création. En fait, toute évolution va vers la création. Chaque élément de la création recèle diverses possibilités pour, à partir de lui-même, procéder à une nouvelle création. Mais les êtres humains ont la possibilité de créer sans cesse, tout au long de leur vie, et c'est bien de cela qu'il s'agit pratiquement dans ce travail.

III

LA PRATIQUE SPIRITUELLE ET LES OBSERVANCES

Ce travail, la pratique spirituelle, est difficile. Il exige beaucoup de nous, en particulier sur le plan émotionnel. Il ne s'agit pas de se poser en martyr ; reste qu'il y a des moments où il nous faut être héroïques. C'est pourquoi il importe de maximiser la capacité de notre corps à digérer tout ce qu'implique ce travail. C'est une affaire de bon sens et c'est bien là le but de certaines observances et recommandations : ne pas manger n'importe quoi, pratiquer la méditation, étudier, faire de l'exercice, observer la monogamie en matière de sexualité...

Ces pratiques ne sont pas des règles dont l'observance vous donnera l'illumination. La question n'est pas d'atteindre l'illumination mais de servir Dieu. En utilisant ces différentes recommandations, vous mettez simplement toutes les chances de votre côté pour devenir apte à pratiquer cet enseignement, autrement dit à servir Dieu.

Pour que le corps soit à même de digérer toute expérience transformante, il faut que se construise une certaine matrice organique (un container interne, en quelque sorte) où l'expérience puisse se déposer. Ceci s'applique à la révélation mystique, à une vision, à l'expérience du chagrin ou du remords nés de la compassion. En un sens, le corps est une gigantesque usine de traitement dans laquelle les matériaux vont et viennent en permanence. Il arrive cependant que certaines choses ne fassent pas que passer et se déposent durablement. Les jeunes enfants, par exemple, ont un appareil digestif très pur. Leur corps extrait de la nourriture ce dont ils ont besoin et élimine tout simplement le reste. Mais en grandissant, nous mangeons des produits pleins d'impuretés et de poisons et notre système digestif finit par être complètement encrassé. Chez les adultes, il n'est pas rare que le corps ne puisse plus du tout digérer correctement la nourriture. Il nous faut prendre des vitamines, des enzymes, des minéraux, des suppléments de toutes sortes pour donner au corps ce qu'il est désormais incapable de retirer de la nourriture.

Ceci est également vrai des nourritures d'impressions propres à nous transformer. La plupart des adultes ont fini par obscurcir la matrice naturelle du corps. De même qu'ils ne fixent plus le calcium, ils sont incapables de « fixer » en eux la transformation à cause des stratégies de l'ego et de la force des désirs. Il ne s'agit pas tant de construire une matrice absente que d'éliminer les éléments qui ont encrassé ou obscurci cette matrice. Et c'est précisément ce qu'accomplit la pratique.

La pratique n'est autre qu'une attention constamment dirigée sur ce qui est disharmonieux, sur ce qui empêche la transformation d'être « fixée » et utilisée. La pratique se fait de l'intérieur vers l'extérieur et on ne peut l'accélérer. Il faut pratiquer, voilà tout. Viendra un moment où le corps sera moins encrassé et davantage apte à fixer l'expérience transformatrice. Ce n'est pas un processus linéaire. Avec la pratique, la transformation se fait de plus en plus évidente, mais vous ne pouvez en retracer exactement la progression et l'origine. Vous ne pouvez l'attribuer à telle méditation ou à telle étude à laquelle vous vous êtes livré. La transformation commence à se manifester, voilà tout. Par exemple, vous êtes en train de lire les Ecritures ou un poème et soudain... une immense ouverture se produit en vous, comme si vous étiez propulsé derrière une porte que vous n'aviez jamais remarquée auparavant. Et vous voyez tout d'une manière différente. Votre lecture n'est pas le seul élément à avoir provoqué cette ouverture, mais elle a fait office de catalyseur. Elle a été la dernière pièce de tout le puzzle qui était en train d'être assemblé. La pratique constitue le cadre et la configuration du puzzle.

Nourriture et régime alimentaire

Commençons par parler de la pratique en matière de nourriture. Très souvent, lorsque je parle de nourriture, je ne fais pas seulement allusion à l'alimentation mais à la respiration, à la nourriture psychique ou subtile. Pour l'instant, cependant, je me bornerai à l'alimentation. Je recommande un régime végétarien lacté, privilégiant le recours aux aliments crus et frais, de préférence aux pâtes cuites et aux légumes bouillis à mort dans leur casserole. La chimie propre à ce régime cru favorise notre travail.

Quand des animaux ne sont élevés que pour être mangés, la violence et la brutalité avec laquelle ils sont traités au cours du processus qui les transformera en marchandise à l'étalage pénètre la viande et se transmet au consommateur. Un cerf sauvage, par exemple, est un animal très différent du daim élevé en captivité. Ce sont pratiquement des animaux différents, même s'ils appartiennent à la même espèce et ont une même apparence. On ne peut faire l'impasse sur la question des « vibrations », c'est-à-dire de la manière dont les choses se trouvent influencées du point de vue de leur énergie.

Il existe cependant des cultures, je pense aux Amérindiens, aux Esquimaux et à d'autres cultures tribales dans lesquelles l'on tue et mange les animaux de telle sorte que cela devienne un sacrement. D'un point de vue éthique, je ne suis donc pas systématiquement contre le fait de mettre à mort des animaux.

Je dis seulement que pour produire une livre de viande comestible, il faut trois livres de grain ; voilà qui me paraît constituer un énorme gâchis. Je suis, par principe, en faveur de la conservation de l'énergie et d'une utilisation maximale des ressources. Il y a davantage de vie dans les aliments crus et un régime végétarien s'avère bien plus efficace en termes d'énergie que presque tous les régimes carnés de l'Occident.

Il est nécessaire que les gens se forment et s'habituent de manière générale à économiser l'énergie. C'est très difficile, étant donné le niveau de vie qui est le nôtre en Amérique, en Allemagne, en France et dans tous les pays industrialisés.

Lors de mon premier séjour en Inde, je me suis rendu compte que, là-bas, ne finissent dans les ordures que les matériaux et produits totalement inutilisables d'une quelconque manière et sous tout autre forme. Par exemple, après avoir lu un journal, on va s'en servir pour envelopper la nourriture, puis l'utiliser comme isolant, puis en couvrir les petits mendiants de la rue.

Quand le journal finit aux ordures, il est pratiquement tombé en poussière.

Le fait que les Indiens n'utilisent pas de papier toilette était pour les femmes qui voyageaient avec moi lors de ce premier séjour un grand sujet de babillage. A la place, il y avait toujours à proximité un petit pot d'eau tout rouillé ; on se lave puis on se laisse sécher tout en se promenant dans la rue. C'est simple, non ? De mon point de vue, ce n'est pas faire preuve de mesquinerie que d'encourager les gens à ne pas abuser du papier toilette.

Notre régime végétarien favorise la conservation de l'énergie. A base d'aliments crus, il donne au corps davantage d'éléments nutritifs, et donc davantage d'énergie vitale. D'un autre côté, quand nous voyageons comme lors de nos célébrations à l'ashram, il nous arrive de consommer d'extraordinaires quantités de sucre, de viande et d'aliments raffinés ou traités. Quand nous mangeons de la viande, nous le faisons en connaissance de cause. Souvent, nous avons recours à un régime lourd afin d'enraciner quelque chose en nous ou pour d'autres raisons ayant trait à la chimie interne.

Parfois, quand on prépare la nourriture d'une manière élégante et raffinée, dans un contexte où les gens se retrouvent, une autre qualité d'énergie entre en jeu, si bien qu'il est alors utile de manger ce type de nourriture. Quand nous sommes en voyage j'utilise aussi la nourriture couramment consommée dans les régions que nous visitons. Peut-être sommes-nous « d'affreux Américains » ; mais en mangeant les produits locaux, nous avons des chances d'être un peu moins hideux...

Lors de notre première visite en Allemagne, j'ai demandé à l'un de mes élèves allemands s'il existait une spécialité bavaroise. Il nous a entre autres parlé de la « schweinshaxen ». Quand nous sommes revenus l'année dernière, nous avons commencé par chercher un endroit sympathique pour y manger tous ensemble un « schweinshaxen ». Parmi les personnes présentes, certaines n'avaient pas mangé de viande depuis des années mais cela ne les a pas perturbées. Ce qui semble indiquer que les lois de l'influence divine sont plus puissantes que celles de la digestion.

On vérifie la confiance d'un élève envers son maître lorsqu'il se montre disposé à faire passer les recommandations de ce dernier avant ses conceptions morales et ses propres systèmes de croyance. Il s'agit toujours d'une affaire de bon sens, mais le bon sens n'est certes pas négligeable sur la voie. De plus, un élève responsable se montre flexible et à l'écoute de ce qu'exigent les circonstances dans lesquelles il se trouve. Il ne va pas faire preuve de rigidité ni jouer les vertueux sous prétexte que « les légumes crus, c'est sain, et pas la viande, point final. » Si vous allez rendre visite à votre famille, il est juste de manger ce que l'on vous sert. Si votre mère cuisine un beau canard rôti parce que c'était autrefois votre plat préféré, ne dites pas : « non merci, je me contenterai d'un peu de céleri ».

Nous avons bien des raisons de veiller à demeurer souples intérieurement. Il y a plus de seize ans, on m'a raconté une histoire qui s'est imprimée en moi de manière indélébile. Une femme avait été tellement horrifiée à la lecture d'un article scientifique sur les effets des substances chimiques, colorants et autres conservateurs qu'elle avait complètement révolutionné son alimentation. Elle adopta une nourriture extrêmement saine et soigneusement étudiée pour lui apporter tous les éléments nutritifs dont elle avait besoin. Après avoir observé ce régime des années durant, elle se rendit à une fête de famille, l'anniversaire d'une de ses nièces où l'on servit du gâteau nappé d'un glaçage de crème et de sucre. Sa famille insista pour qu'elle en prenne : « allez, c'est l'anniversaire de ta nièce, ce n'est pas un petit morceau de gâteau qui te fera du mal ». En dépit de ses réticences, elle céda, mangea un morceau de gâteau, et en fut malade comme un chien.

Il y a là deux éléments dont il convient de tenir compte. D'abord, la plupart des maladies sont psychosomatiques. Comme cette femme était très névrosée, elle s'était probablement rendue malade de peur à l'idée de manger du gâteau. Deuxièmement, la capacité du corps à absorber des aliments peut devenir subtile au point de réagir à un morceau de gâteau comme si c'était du poison.

D'un autre côté, il est des civilisations, telle celle des Esquimaux, dont le régime est à base d'un unique aliment, en l'occurrence du lard de baleine, avec de temps en temps, un peu de foie de baleine, de langue de baleine, ou, exceptionnellement, des testicules de baleine en guise de garniture... Ils ne survivraient tout simplement pas s'ils devaient manger ce qui pour nous constitue une alimentation équilibrée.

Il importe que nous restions flexibles car que savons-nous de ce qui peut advenir ? Lorsque les Chinois envahirent le Tibet, nombre de Tibétains furent capturés et emmenés en camp de rééducation. Quelques personnes s'en sont évadées et en ont rapporté de terribles histoires. Dans les camps, comme au cours de leur évasion, les Tibétains furent contraints de manger des choses tout à fait contraires à leurs principes. Il est bon que le corps reste capable de digérer toutes sortes de nourriture et pas seulement des aliments parfaitement sains.

*
* *

On se demande souvent comment distinguer le désir psychologique d'un certain type de nourriture, du besoin réel ressenti afin d'opérer un rééquilibrage. Une grande part de notre travail vise à nous permettre de ne plus confondre les messages du corps avec ceux du mental. Cette distinction ne se fera pas tout de suite, mais avec le temps, il est possible d'apprendre à discriminer de mieux en mieux. En vérité, le corps sait ce qu'il lui faut.

Le besoin physique n'est qu'une affaire de chimie interne. Il peut s'agir d'une chimie « positive », le corps réclame un aliment dont il a manqué ou « négative », une accoutumance, quelque chose dont le corps a besoin pour éviter la crise. Mais dans les deux cas, il s'agit d'un processus chimique très simple et très direct, qui n'a rien de subtil ou de subjectif.

D'un autre côté, le besoin psychologique de manger certaines nourritures procède d'une dynamique totalement subjective. Par exemple, c'est amusant d'observer des gens qui se piquent de reconnaître un bon vin d'un vin quelconque. Peut-être savent-ils prendre toutes les attitudes appropriées, faire mine de humer le vin, de le savourer sur la langue mais en général leur comportement est mécaniquement dicté par la présence de personnes qu'ils admirent et voudraient impressionner. Leurs mimiques n'ont aucun rapport avec le vrai goût du vin.

L'ego met au point une certaine stratégie relationnelle à l'égard de la vie et de ses pulsions ; ensuite, tout lui est bon pour consolider cette stratégie : la nourriture, le pouvoir, le sexe... Souvent, c'est en fonction du regard des autres que nous éprouvons le désir de manger certains aliments. Parfois, nous utilisons la nourriture pour renforcer en nous-mêmes quelque chose qui n'a rien à voir avec le corps et sa chimie interne. Par exemple, même le désir de devenir végétarien, quoique se fondant sur un idéal très élevé, peut fort bien ne refléter en rien ce dont notre corps a besoin. Le mental a décidé qu'il était plus moral d'être végétarien, voilà tout.

Le corps sait ce dont il a besoin. Souvenons-nous-en, tenons compte de cet instinct dont nous avons ici et là conscience. Qu'il soit notre référence. Au fur et à mesure que vous travaillerez sur ce point, vous découvrirez que les vrais messages du corps ne sont pas obstrués par des considérations mentales. Si vous vous accordez ce dont vous avez vraiment besoin, tranquillement et naturellement, sans éprouver le besoin de vous justifier, vous n'aurez pas à expliquer à votre entourage : « écoutez, je vais manger un hamburger, ne vous inquiétez pas, tout ira bien, je vous expliquerai. » Cela ne posera tout simplement pas de problème. *Pas de problème.* Il n'y aura pas de conflit entre ce que vous dit votre corps et votre niveau habituel de pratique, votre intégrité ou votre idéal.

*
* *

Ces pratiques, je les appelle les noms de Dieu, car elles me furent révélées. Beaucoup d'enseignements recommandent le végétarisme et la méditation. Donc, nombre de choses que nous faisons sont très courantes et ce que nous en disons n'a rien d'unique. Pourtant, si je les recommande, c'est parce qu'elles me furent révélées, non parce que je les ai retrouvées un peu partout et me suis dit : « bon, ce n'est pas bête, pourquoi ne le ferions-nous pas aussi ? » Tout ce qui procède vraiment d'une révélation ne vient pas de nos propres connaissances, même s'il arrive que cela coïncide avec ce que nous connaissions déjà par ailleurs. La poésie mystique et extatique de Saint Jean de la Croix en constitue un bon exemple. Certains de ses poèmes sont très érotiques et d'un ton fort peu « chrétien », surtout si l'on tient compte de l'époque où ils furent composés. Jean de la Croix eut à subir bien des persécutions à cause de ses écrits, parce que ceux-ci véhiculaient des choses contraires à la doctrine traditionnelle de l'Eglise.

Il y a 99 noms d'Allah, et chacun de ces noms correspond à une qualité spécifique de Dieu : Dieu le compatissant, Dieu le miséricordieux, etc. Pourtant, nombre de soufis, les mystiques de l'Islam, furent autrefois persécutés pour avoir manifesté certaines de ces qualités d'une manière peu orthodoxe par rapport au cadre fixé par le Coran. A mes yeux, il importe que toutes les pratiques et observances spirituelles n'en viennent pas à se substituer à la simple vénération, à la louange de Dieu dans ce qu'elle a d'authentique et de spontané. Dès l'instant où les observances sont érigées en dogme au lieu de simplement fournir à chacun un cadre propice à la pratique et au développement d'un rapport subtil en même temps qu'énergique à la vie, elles ne méritent plus d'être appelées « noms de Dieu ». Faire d'une observance un dogme, c'est répéter en vain le nom du Seigneur. Tout maître spirituel recommande certaines observances, lesquelles sont, littéralement, les noms de Dieu, dès lors que l'on se situe dans cette ligne. La communion entre le maître et l'élève repose en partie sur le fait que l'élève observe de son mieux les recommandations propres à son maître. Mettons que votre maître soit un lama tibétain et qu'il prescrive une certaine forme d'exercice, de mouvements ou de méditation, ou encore un régime particulier, le seul fait que l'élève observe ces recommandations va amener le maître à lui donner davantage. Faire allégeance à un maître tout en pratiquant autre chose que ce qu'il vous a prescrit, comme si on savait mieux que lui ce dont on a besoin, constitue l'une des formes les plus extrêmes de l'arrogance.

A PROPOS DE LA MÉDITATION

Notre pratique de la méditation est très proche du zen. Nous recommandons aux gens de s'asseoir pendant une demi-heure, trois quarts d'heure, ou davantage si cela leur convient. La durée de la méditation n'est pas vraiment limitée, mais il est bon de pratiquer l'assise quotidiennement et si possible à la même heure. Pendant l'assise, vous observez simplement ce qui se présente à votre conscience. Cela devient le fruit de votre méditation, la « nourriture » sur laquelle vous devriez travailler pour le restant de la journée. Donc, si vous vous sentez en colère parce que dans la salle de méditation trône le portrait d'un gourou masculin ainsi que certaines d'entre vous l'ont exprimé très bien, c'est à cela que vous devriez penser, là-dessus que vous avez à travailler aujourd'hui. Demandez-vous sans cesse : « pourquoi cela me met-il si en colère ? Que se passe-t-il vraiment ? Allons, il n'y a pourtant pas de quoi faire tout un plat... Ce n'est rien de plus que la photo d'un abruti... Où est le problème ? » Utilisez cet échantillon pour vous interroger : « qui suis-je, comment suis-je situé vis-à-vis de ma colère, de mon ennui, de mes résistances ? »

Une autre manière de travailler sur ce qui se présente consiste à réaliser que votre but n'est pas de vous débarrasser des tendances de l'ego telles que l'orgueil, la concupiscence ou l'avidité mais plutôt de les transformer. Toute qualité comporte deux aspects. Si vous transmutez l'orgueil, vous obtenez l'intégrité ; si vous transmutez la concupiscence, vous obtenez la passion. L'avidité transmutée n'est autre que la charité et la générosité. Par conséquent, au fur et à mesure que vous apparaissent en méditation ces éléments bruts de l'ego, vous travaillez sur eux, non par quelque technique yogique de transmutation de l'énergie mais simplement en vous interrogeant : « que donnerait cet élément s'il était transmuté ? » ou « quel est l'équivalent lumineux de cette part d'ombre ? » Vous vous posez des questions, avec diligence. Voilà ce que j'appelle « travailler sur ce qui se présente ».

Parfois, les gens me disent : « je n'ai pas bien médité aujourd'hui », ou « je n'y suis pas arrivé ». S'ils disent cela, c'est parce que ce qui s'est présenté n'était pas ce qu'ils avaient envie de voir. Ils voulaient des extases, de la béatitude, des visions, et n'ont récolté que des douleurs aux jambes. Il vous arrivera d'avoir des visions, mais pas tous les jours. Parfois, vous devez pour toute « vision » vous contenter de celle du portrait trônant dans la salle de méditation. Parfois, vous ne ressentez que de la colère. C'est comme ça, voilà tout.

Au début, en général, on ne ressent que douleur et ennui. Le mental est semblable à un singe, il saute comme un fou de pensée en pensée, de refus en refus, avec de temps à autre, quelques moments de clarté, de créativité ou de béatitude. Tout est toujours mélangé. Pour la majorité d'entre nous, la méditation se réduit d'abord à des pensées du genre : « le coussin est trop dur... le coussin est trop mou... Il fait trop chaud... Ca sent le renfermé ici... » Si nous méditons à côté d'une boulangerie, le sujet de notre méditation sera pendant des mois : « quelle sorte de pain sont-ils en train de cuire ? » Et puis le téléphone sonne ou le chien du voisin aboie et nous nous mettons à y penser, constamment obsédés par tous les détails qui nous frappent au niveau le plus grossier de nos perceptions.

Le mental a sa tactique qui consiste à distraire notre attention, à la fasciner et à la contrôler.

Le but de la méditation est simplement d'observer ce qui monte sans l'évaluer ni le qualifier de bon, de mauvais ou d'indifférent. Il n'y a pas de bonne ou de mauvaise méditation. Que votre esprit soit confus et tourne à cent à l'heure ou s'avère au contraire clair et posé, c'est toujours de la méditation.

Il y a un ou deux siècles vivait un maître zen qui avait coutume d'écluser quelques verres de whisky avant de se coucher. Nombre de ses élèves le prenaient pour un alcoolique, mais personne n'osait lui faire de remarque à ce sujet. Au bout de plusieurs années, quelqu'un finit par trouver l'audace de lui poser la question. « Eh bien, dit-il, même après quarante ans d'assise, j'ai toujours mal aux jambes. Je prends donc quelques gorgées de whisky parce que cela me détend et m'aide à m'endormir. » Ce n'était donc que cela... Souvent, nous voyons partout des secrets alors que ce qui arrive est très simple, très clair, et ne recèle aucun sens caché. Il en va de même de la méditation : elle ne recèle aucun sens caché. On s'assied, on accueille ce qui se présente, point final. On ne vous demande pas d'aimer ce qui monte en vous mais simplement de l'accueillir sans le qualifier.

La méditation telle que je l'enseigne ne vise pas à vous détendre et à vous rendre votre équilibre. On ne peut pas se contenter de traverser la vie en se répétant que nous sommes tous des enfants de Dieu, que nous sommes tous parfaits tels que nous sommes, que nous évoluons du grossier vers le subtil... C'est ce genre d'approche à mon sens intolérable que véhiculent les pseudo-créations de la plupart des artistes du « nouvel âge », tous planants, aériens, la tête dans les nuages... Leurs tableaux sont pleins de licornes, de châteaux suspendus dans les airs sur fond de violet ; on y trouve toujours une femme aux longs cheveux vêtue d'une grande robe diaphane... Mais tous ces allumés sont incapables de s'engager dans une vraie relation, car ils espèrent encore dénicher la femme de leurs fantasmes. Voilà le genre de personnes qui aspirent à la détente, à l'équilibre. Leurs créations véhiculent une énergie tout à fait différente de celle des oeuvres d'un Gaughin, d'un Bach, d'un Léonard ou d'un Michel-Ange. Ces derniers ne créaient pas dans la détente et l'équilibre, mais dans le tumulte, la passion et le feu !

Si la méditation sert à quelque chose, c'est à développer une claire faculté d'observation. Pour la plupart, nous ne prenons jamais vraiment le temps de nous arrêter afin de nous interroger sur le pourquoi de nos actes, de nos pensées et de nos émotions. Si nous voulons découvrir ce qu'est l'enseignement, le service de Dieu et nous connaître nous-mêmes, il importe que nous connaissions le pourquoi de nos actes et de notre manière d'être. Nous croyons avoir fait des choix intelligents et responsables ; en fait, la plupart de nos options procèdent de réactions mécaniques face aux stimuli extérieurs. Par la méditation, notre faculté d'observation se clarifie peu à peu. Peut-être continuerons-nous à réagir mécaniquement face à certaines choses ; mais en même temps, nous serons mieux à même de discriminer et saurons ainsi si ces réactions automatiques nous empêchent ou non de servir Dieu.

La vision claire survient par moments et entre ces moments règnent la même confusion, les mêmes aspirations, les mêmes désirs. Nous devons être prêts à assumer ce que nous sommes à tout moment et non partir du principe qu'une fois la vérité entendue, nous serons à jamais établis dans la perfection. Nous sommes effectivement déjà illuminés, mais, en général, notre vie quotidienne au sein de l'activité ordinaire ne reflète pas cette illumination. C'est pourquoi une pratique spirituelle soutenue s'avère nécessaire.

Tôt ou tard, le mental va de lui-même recourir à des tactiques plus élaborées. Au lieu de s'en tenir à de grossières distractions physiques, il va tenter de nous fasciner, de nous distraire ou de nous contrôler par des voies plus puissantes et plus séduisantes. Cependant, si nous ne lui accordons pas ce qu'il demande, si nous ne fonçons pas tête baissée dans la fascination ou la distraction, ne nous laissons pas contrôler mais au contraire utilisons ces distractions comme points d'appuis pour nous souvenir, en nous demandant : « comment suis-je situé par rapport à ceci ? », alors le mental finira par retourner à sa source la plus puissante. Il reviendra au point où il a été engendré, à la source d'où il a jailli.

En admettant que nous cherchions quoi que ce soit à travers la méditation, il ne pourrait s'agir que de cette source. Lorsque vous atteignez ce point où le mental prend naissance, vous vous trouvez à la frontière de deux dynamiques bien distinctes. D'un côté, celle de l'ego, toute cette perception de soi autonome, mécanique, engendrée et nourrie par le mental lui-même ; de l'autre côté, cette énergie que nous appelons la volonté de Dieu, cette loi selon laquelle toute la création ne cesse de se manifester et d'évoluer. Si vous pratiquez tout simplement l'assise, c'est là qu'elle finira par vous mener, non parce que vous l'aurez cherché mais parce que tel est le fonctionnement du mental. Si vous atteignez ce point, ce sera parce que votre mental aura pour ainsi dire jeté l'éponge et non parce que vous aurez « bien » médité.

Lorsque l'on parvient à ce point-frontière, on a la possibilité soit de retourner du côté de l'ego soit de basculer dans la volonté de Dieu, c'est un moment très délicat. Il y a derrière nous toute une vie d'habitudes qui, comme un aimant, nous tire en arrière du côté de l'ego. Ce côté-là, nous y sommes habitués. Nous en connaissons le territoire, il nous est confortable et familier. L'autre côté, c'est l'inconnu. S'il nous est donné un jour de connaître un état d'abandon à la volonté divine, nous risquons donc de retomber dans nos schémas habituels lorsque l'intensité de l'expérience commencera à se dissiper. C'est pourquoi, même quand le processus de la méditation porte tous ses fruits, il nous faut continuer à pratiquer afin, pour ainsi dire, d'entrer en sympathie avec ce résultat ; en sympathie avec la volonté de Dieu plutôt qu'avec l'ego. Pour exprimer ceci, nous disons : « le corps doit littéralement construire une matrice capable de contenir le type de pratique et de travail dont s'accompagne l'abandon à la volonté divine. »

En général, tout ce qui nous compose, y compris notre système nerveux, est soumis aux exigences de l'ego plutôt qu'à celles de la volonté divine. L'abandon à cette volonté suppose non seulement que notre esprit change et que nous nous situions différemment par rapport aux choses mais aussi une restructuration complète des canaux énergétiques du corps. On peut connaître en un instant l'expérience de l'abandon, mais le fait de commencer à incarner cet abandon au quotidien requiert du temps et un travail soutenu. C'est ce que l'on appelle la pratique.

A propos de l'exercice

Outre la méditation quotidienne et un régime végétarien, nous recommandons la pratique régulière d'un exercice physique. Il m'arrive de donner à quelqu'un tel ou tel type d'exercice mais en général, n'importe quelle forme d'activité physique pratiquée régulièrement, qu'il s'agisse du jogging, de la marche athlétique ou du yoga peut faire l'affaire. Je recommande particulièrement un travail traditionnel tel que la danse classique ou les arts martiaux. L'aïkido, le judo ou le taï-chi me paraissent en général préférables au karaté ou au Taï-Kwon-do, quoique cela dépende des individus. J'aime aussi cet art martial brésilien baptisé capoeira. Par contre, je ne pense pas grand bien de toutes ces formes nouvelles de « mouvement créatif» qui se voudraient des exercices.

A propos de l'étude

Cet enseignement inclut d'autres pratiques, mais je vais pour l'instant conclure par quelques réflexions concernant l'étude. Nous préconisons donc l'étude quotidienne. Les élèves étudient les livres que j'ai écrits ainsi que les textes religieux de toutes les traditions, sans oublier la littérature classique et la poésie, orientale ou occidentale. Beaucoup se figurent qu'il leur faut étudier afin de constituer une grande banque de données des intuitions spirituelles à l'usage des nécessiteux de l'âme. En fait, étudier correctement, c'est pouvoir mesurer sa propre expérience à l'aune de ce qu'on lit. Quand vous lisez quelque chose qui a pour vous le goût du vrai, cela va, soit vous renvoyer à ce que vous connaissez déjà, soit vous montrer que vous n'avez pas encore saisi cette vérité.

Fondamentalement, comprendre importe peu. Si vous lisez des paraboles soufies sans les comprendre, lisez-les de toute façon. Ne pas comprendre ne pose aucun problème. Il vous est sûrement arrivé de lire un livre sans rien y comprendre puis de le reprendre trois ans plus tard et de le trouver parfaitement clair, voire limpide.

L'étude et les autres pratiques visent à vous permettre de considérer les choses à partir de différents angles, de vous extirper d'un point de vue étroit. Aux yeux d'un enfant de quatre ans, par exemple, une poupée aura autant d'importance que la charité ou la douceur aux yeux d'un adulte sensible. Une erreur que commettent couramment les adultes consiste à dire à l'enfant dont le jouet se brise : « ce n'est pas grave, ce n'est jamais qu'une poupée » ; et en effet, aux yeux de l'adulte, ce n'est pas grand chose. L'adulte sait que l'enfant va avoir une nouvelle poupée, à moins qu'il ne la remplace par un chat ou un chien. L'adulte sait qu'au fur et à mesure que l'enfant grandira, il s'attachera à bien d'autres choses que cette poupée. Tout cela est vrai ; reste que la réaction immédiate consistant à minimiser la perte subie par l'enfant témoigne d'une déficience de la sensibilité. Nous autres adultes ne sommes souvent guère disposés à considérer les circonstances du point de vue de l'autre. L'étude peut nous y aider et c'est en cela, entre autres, qu'elle s'avère précieuse.

Lorsque nous nous sommes rendus en Inde, nous avons mangé et voyagé à la manière des Indiens. Nous n'avons pas loué de voiture mais pris le bus. D'un autre côté, nous avons veillé à ne pas boire n'importe quelle eau. C'est une chose que de respecter le point de vue ou la compétence de notre prochain, c'en est une autre que de se montrer purement et simplement stupide. Si nous avions subi la dysenterie trois semaines durant, nous n'aurions pas été autant en mesure d'apprécier la culture indienne. Mieux vaut donc éviter de boire n'importe quelle eau. Toutes ces pratiques participent du simple bon sens et visent à le développer.

En résumé

La conscience progresse de la manière suivante : au début, nous sommes complètement identifiés, de manière névrotique, avec tout ce qui se présente. Nous réduisons tout au seul corps et nous nous confondons avec chaque élément de notre personnalité. Puis nous entreprenons un travail spirituel. Nous nous situons alors différemment et commençons à observer avec un peu de recul notre propre mécanicité. Nous nous regardons en train de faire ceci, cela et devenons capables de nous éprouver distincts de ce qui par ailleurs suit son cours : nous portons un regard objectif sur les actions du corps, le mouvement des émotions, etc. Finalement, nous en arrivons à un point où nous ne sommes ni identifiés ni désidentifiés avec ce qui se présente. Nous ne tirons tout simplement plus de conclusions. Ce qui se présente se présente, voilà tout. Plus de définitions, d'analyses, de pensées et surtout plus de problèmes. Ce qui est est, ni plus ni moins. Voilà où nous amène la pratique.

Dans le zen, on a coutume de dire : « lorsque j'ai commencé, les arbres étaient des arbres, l'eau était de l'eau, les nuages des nuages. Puis j'ai connu l'illumination. J'ai connu satori après satori et réalisé que les arbres, l'eau et les nuages étaient bien davantage que ce que j'avais jamais imaginé. J'ai cependant continué à travailler dur et à faire des efforts pendant bien des années. Et finalement, le fruit de tous ces efforts a été de savoir qu'un arbre est un arbre, l'eau de l'eau et un nuage un nuage, ni plus ni moins. »

C'est bien ainsi que cela se passe.

IV

L'INVESTIGATION INTERIEURE ET LES DYNAMISMES DE L'ESPRIT

En tant qu'êtres humains, nous disposons d'un outil précieux qui est aussi la cause de nos problèmes, à savoir ce que nous nommons l'esprit. Dans cet enseignement, nous avons une pratique qui se résume en une phrase de type zen : « l'esprit qui ne qualifie pas. » Le problème ne réside pas en la pensée elle-même. La pensée, c'est le canal par lequel nous nous situons vis-à-vis des données absorbées par nos sens. Le problème tient à ce que nous interprétons subjectivement les données qui nous parviennent et qualifions tout ce dont nous faisons l'expérience.

La conscience humaine comporte trois aspects essentiels : l'aspect mental ou processus de la pensée ; l'aspect émotionnel, le processus des sentiments ; et l'aspect ambulatoire, notre fonctionnement moteur. En général, les données sont d'abord enregistrées par l'esprit, même si c'est avec le corps ou les émotions que nous les recevons. Nous sommes des êtres qui sentons et bougeons, mais de par notre conditionnement, notre rapport au monde est essentiellement mental. Si nous pouvions être établis dans « l'esprit qui ne qualifie pas », les données qui nous parviennent seraient considérées en toute objectivité : nous verrions les choses, les ressentirions et agirions vis-à-vis d'elles directement, sans le moins du monde les qualifier.

Permettez-moi de vous donner un exemple : si vous êtes en relation avec quelqu'un et que quelque chose dans votre manière d'être ensemble vous est cause de souffrance, se situer dans « l'esprit qui ne qualifie pas » signifie tout simplement que vous ressentez la souffrance, la reconnaissez en tant que telle puis poursuivez la relation. Lorsque, par contre, nous fonctionnons selon les habitudes du mental, nous interprétons subjectivement toutes les données et donc notre rapport à elles en tant que sujet ou objet. Au lieu de simplement ressentir la souffrance et de poursuivre la relation, nous nous arrêtons pour dire : « tu m'as fait ça » ou « je suis un minable », ou « je ne méritais pas ça », « tu ne m'aimes pas »... etc., etc., jusqu'à plus soif. (Et dans ces cas-là, nous n'avons pas intérêt à laisser l'épuisement nous gagner au point de tomber raide endormi avant que l'autre ait fini de nous rendre responsable de tous ses maux : cela serait très mal pris...)

Le mental s'imagine être seul à contrôler et à manipuler toutes les circonstances de la vie ; il a beaucoup investi dans cette illusion. A ce propos, je me souviens d'une histoire : une femme très perturbée va voir un chirurgien et lui dit : « j'ai un serpent dans le ventre, il faut que l'on m'opère. » Le chirurgien lui parle avec tact et finit par lui suggérer d'aller consulter un psychiatre. Furieuse, la femme se sent injuriée, claque la porte du médecin et se rend chez un de ses collègues auquel elle se plaint du même mal. « J'ai un serpent dans l'estomac, il faut que vous me l'enleviez. » Ce deuxième chirurgien lui conseille également d'aller voir un psychiatre. Vous imaginez bien qu'une personne persuadée d'avoir un serpent dans le ventre n'a plus qu'une idée : s'en débarrasser. La femme va donc de médecin en médecin et finit par rencontrer un chirurgien au fait des problèmes psychosomatiques. « Ainsi, lui dit-il, vous avez un serpent dans le ventre ? Je peux m'en occuper. Si nous prenions rendez-vous pour que je vous opère ? » La femme n'en revient pas : « mais alors, vous me croyez ? » « Mais bien sûr, chère Madame, lui répond le médecin, je comprends ce genre de choses. Il faut que l'on vous enlève ce serpent pour que vous vous sentiez mieux. » Et ils prennent rendez-vous quelques semaines plus tard pour une petite opération.

Entre-temps, le chirurgien est allé acheter un serpent conservé dans le formol. Quand la femme vient au rendez-vous, il l'anesthésie, lui fait une petite incision et la recoud afin qu'elle puisse constater qu'on l'a bel et bien opérée. A son réveil, il lui montre le serpent en disant : « j'avais des doutes mais vous étiez si sûre de vous... et maintenant, je vois que vous aviez raison. Vous aviez vraiment un serpent dans le ventre. Je vous l'ai enlevé et à présent, tout ira bien. » La femme se sent soulagée. « Oh, merci, dit-elle, je me sens si bien, c'est merveilleux. Mais je voudrais emporter le serpent car dans ma famille ou parmi mes amis, personne ne m'a crue et je voudrais le leur montrer. » Le chirurgien lui donne donc le serpent et elle va tout de suite chez sa meilleure amie qui s'était beaucoup moquée d'elle. « Regarde, lui dit-elle toute contente, tu me croyais folle et pourtant, voilà ce que le chirurgien a retiré de mon ventre. J'avais bel et bien un serpent dans l'estomac. » L'amie jette un oeil sur le serpent et sursaute. « Qu'est-ce qu'il y a ? », demande la femme, un peu perturbée par cette réaction ; « eh bien, réplique l'autre, j'espère qu'il n'a pas eu le temps de pondre des oeufs dans ton ventre. »

Je vous laisse imaginer la réaction de la femme... Comme je le disais précédemment, le corps ne fait que répondre aux exigences de l'instinct, mais le mental est un grand manipulateur.

Avant même la naissance, durant la grossesse, le mental met au point une stratégie à laquelle il aura perpétuellement recours, jusqu'à ce qu'autre chose intervienne. Cette stratégie est toujours intimement liée à sa peur de disparaître. Par exemple, mettons que vous ayiez été laissé seul une nuit lorsque vous étiez un bébé ou un tout jeune enfant. Peut-être avez-vous pleuré jusqu'à ce que vous vous endormiez. Plus tard, au réveil, vous avez pris conscience, de manière primitive, que vous existiez toujours, en dépit de la peur panique ressentie durant la nuit. A partir de ce moment, le mental, selon son étrange logique, a pu commencer à présumer qu'il vous fallait régulièrement être abandonné pour survivre. C'est ainsi que certaines personnes s'installent pour une vie entière dans ce schéma selon lequel il leur faudra toujours être abandonné.

En tant qu'adultes, nous grandissons en intelligence, en sensibilité, apprenons à mieux ressentir les circonstances et à nous situer vis-à-vis d'elles, si bien que notre logique se fonde davantage sur le bon sens. Nous pouvons très bien *comprendre* le trouble psychologique qui se met en place lorsque nous nous retrouvons seuls ; et cependant, nous ne pouvons nous empêcher de nous *sentir* indésirable, mal-aimé, et d'en être profondément blessé. Il nous est pratiquement impossible de ne pas retomber indéfiniment dans les mêmes situations. Ces impressions d'enfance sont extrêmement puissantes et elles ne font que se renforcer au fur et à mesure que nous grandissons et accumulons les expériences. Une fois parvenus à l'âge adulte, nous avons cette montagne de données propres à nourrir nos stratégies névrotiques. Néanmoins, cette montagne est pour ainsi dire renversée, car toute cette masse d'informations repose essentiellement sur les impressions reçues dans la petite enfance.

En général, les approches dites de « développement personnel » démarrent au sommet de cette montagne de données et tentent de se frayer un chemin jusqu'au fond, pour atteindre ce point précis où tout commença. Néanmoins, il suffit d'un peu de bon sens pour comprendre qu'il est impossible, non seulement d'extraire un sens de tout ce magma, mais même de le traverser sans se perdre. Pourtant, on essaie, et beaucoup de gens passent toute une vie à errer dans ce gigantesque labyrinthe, lequel n'est jamais constitué que des convulsions insensées et superficielles du mental. Ce dédale de névroses n'est rien d'autre que les mécanismes de l'ego. En fait, il nous serait plus facile de parvenir à creuser tout l'Everest à coups de pelle que de nous frayer un chemin à travers cette masse de données par lesquelles nous alimentons notre stratégie de survie.

Il y a deux manières de résoudre, peu ou prou, ce problème du mental. La première méthode est la suivante : si vous parvenez à trouver le moment initial où vous avez mis au point votre stratégie de survie et si vous pouvez raviver dans toute son intensité la conscience qui était la vôtre à ce moment-là, vous avez alors la possibilité de faire appel à votre intelligence d'adulte et à votre raison pour substituer au mécanisme de défense une stratégie positive, voire extatique. Des méthodes telles que la thérapie primale ou le « rebirth » reposent sur ce principe. Janov, le fondateur de la thérapie primale, prétend que certains de ses patients ont grandi de quelques centimètres et qu'il a vu des femmes dont la poitrine s'est développée suite au succès de la thérapie. J'ai rencontré des personnes passées par ce processus et ai noté chez elle de profonds changements du point de vue psychologique ; mais je n'en ai jamais rencontré dont l'élémentaire stratégie de survie ait été modifiée. Semblable mutation ne peut se produire que si l'on fait l'expérience du pôle bienfaisant et béni de l'esprit. Or, voilà bien ce que le mental ressent comme une menace à sa survie et à son autonomie. Il n'est pas plus disposé à laisser le pôle extatique de l'esprit gagner du terrain que ne l'est un gouvernement totalitaire à autoriser la liberté de la presse. A peine un courant souterrain de liberté, d'extase et de bénédiction commence-t-il à émerger que le mental, à l'instar du gouvernement totalitaire, essaie de le balayer par la torture, la mutilation, voire la mort. C'est une entreprise très délicate que de travailler sur le mental...

Si les thérapeutes proposant ces approches primales ou psychologiques ne sont pas assez objectifs pour sélectionner une stratégie de survie positive, le client va atteindre la scène primale mais ensuite continuer de vivre avec les mêmes névroses parfaitement intactes. En l'absence d'un contexte de sagesse préalablement défini permettant d'entrer en relation avec le pôle bienfaisant de l'esprit, le fait de toucher et de ranimer ce point primal vous plonge dans la confusion et l'incertitude quant à ce qu'il conviendrait d'entreprendre, bien que la plupart des gens se veuillent très sûrs d'eux.

Une personne qui aurait véritablement déplacé cette stratégie de survie ne se contenterait pas de faire davantage preuve de patience avec ses proches, de sourire davantage, de ne plus avoir le vertige, peur de l'eau ou de la sexualité. Elle cesserait complètement de réactiver dans son existence les mêmes vieux programmes ou mécanismes de survie déjà maintes fois utilisés.

La deuxième manière d'aborder le problème du mental consiste à tout simplement couper sa relation à la pensée déductive et analytique. Le mental est semblable à un ordinateur : il analyse le moindre fragment d'information capté par les sens. Puis il choisit ce qui renforce la survie et rejette ce qui va dans le sens contraire. Si vous tranchez dans le vif du processus analytique du mental, vous en faites un dictateur sénile et impuissant, un pantin sans pouvoir. C'est cette deuxième approche que, pour ma part, je préconise. C'est en outre la plus facile.

Par définition, ce processus de coupure n'est autre que « l'esprit qui ne qualifie pas ». Cette approche est claire, concise, et elle va droit au but. On pourrait indéfiniment la décrire dans toutes ses nuances, mais sa définition est simple. « L'esprit qui ne qualifie pas » n'est pas une pratique à observer puisque ce n'est pas quelque chose que l'on peut faire mais un état de conscience.

« L'esprit qui ne qualifie pas », c'est la vie illuminée. Il existe bel et bien une manière de pratiquer susceptible d'attirer, de favoriser cet état ; mais cet état d'être illuminé ne peut être cherché à l'extérieur de soi. Il s'agit plutôt d'éliminer tout ce qui masque sa présence, car il est déjà là, en nous. L'utilisation d'une forme rigoureuse d'auto-observation, ce que l'on peut nommer l'investigation intérieure est l'une des manières de favoriser cet état de « l'esprit qui ne qualifie pas ».

A PROPOS DE L'INVESTIGATION INTÉRIEURE

La forme d'investigation mise au point par le sage indien Ramana Maharshi consiste en un recours constant à la question : « qui suis-je ? » Cette phrase est aussi couramment utilisée dans certaines formes de thérapie où les gens sont assis avec un partenaire et se posent l'un à l'autre la question : « qui es-tu ? qui es-tu ? qui es-tu ? qui es-tu ? qui es-tu ? » C'est le plus patient qui gagne !

Dans cet enseignement, nous utilisons une autre forme d'investigation qui n'a rien de secret puisqu'on la trouve dans nos livres. Ce n'est pas non plus un mantra initiatique. N'importe qui peut s'y essayer, et il est possible qu'on ait alors l'impression d'obtenir des résultats. Mais si on y a recours en dehors du contexte d'une relation directe entre maître et disciple, elle ne sera pas plus utile qu'une autre technique thérapeutique. J'insiste sur ce point car il est très important.

La phrase que nous utilisons pour l'investigation intérieure est la suivante : « de qui suis-je en train de me payer la tête ? ». Il importe de s'y référer exactement car cette phrase ainsi formulée m'est venue comme une révélation. Elle n'est en rien le produit de ma réflexion ; je ne l'ai pas trouvée dans des livres ni ne l'ai empruntée à d'autres enseignements. Cette pratique n'est pas née d'une démarche rationnelle.

On l'utilise de la manière suivante : vous avez un problème et vous vous situez vis-à-vis de ce problème en vous demandant : « de qui suis-je en train de me payer la tête ? » eu égard à cette circonstance particulière. Il se pourrait que vous en éprouviez du détachement, de la peur, que sais-je ? Il convient alors d'appliquer cette formule à ce que vous éprouvez. « De qui suis-je en train de me payer la tête ? » Quelle que soit la réponse qui vient, vous la mettez en cause et continuez à recourir à cette technique. Surtout, ne l'utilisez pas en vue d'obtenir quelque chose de précis pour ensuite laisser tomber si le résultat ne correspond pas à votre attente. Si vous y avez recours avec suffisamment d'intensité, il se pourrait que les résultats ne soient pas très agréables, du moins au début.

Cette question agit comme un koan zen. Elle est comparable à un âne que chevaucherait l'ego. L'investigation intérieure repose sur le principe de l'irritation constante : si l'huître en arrive à contenir une perle magnifique, ce n'est pas parce qu'elle a des dispositions artistiques mais parce qu'un grain de sable est venue l'irriter. L'investigation intérieure, c'est le grain de sable dans l'huître. Malheureusement pour nous, ce travail dépend pour une grande part de l'aptitude de l'être humain à créer des perles sous l'effet d'une constante irritation. Mon travail consiste, pour une bonne part, à être un facteur d'irritation. Bien sûr, je préférerais passer mon temps à planer au-dessus de la communauté de mes disciples et à leur dispenser des bénédictions, mais il y a d'autres priorités. Souvent, j'irrite durant une longue période, avec de temps à autre, au coeur du processus, une petite éclaircie de bénédiction.

Alors, tout le monde pousse un soupir de soulagement avant de se remettre au travail de fond.

L'investigation intérieure a pour fonction spécifique d'être utilisée au gré de ce qui survient dans l'existence, qu'il s'agisse de circonstances positives, négatives ou neutres. Son utilisation s'avère sans doute plus efficace durant le cours de la journée, qu'en méditation. Quand on s'y est accoutumé, la question jaillira d'elle-même dans des circonstances bien précises. Ce ne sera même plus la peine de s'en souvenir. Et cette utilisation spontanée s'avérera plus efficace que la décision consciente de recourir à cette méthode.

L'investigation intérieure utilise la dynamique de l'ego mais non son expression, cette dernière pouvant être positive ou négative, problématique ou aisée... Au cours des premières années de travail spirituel, on aura avant tout, recours à l'investigation en tant que révélateur de notre stratégie de survie.

C'est si facile de se duper soi-même. Quand les gens entreprennent un travail spirituel, ils croient très vite que leur vie s'en trouve transformée. En fait, ils abordent la communauté ou la pratique avec les dynamismes déjà à l'oeuvre dans leur travail ou leur vie de famille ; simplement, ils ne s'en rendent pas compte. Si dans la vie ordinaire, on a l'habitude de tenir le rôle de l'orateur agressif et meneur d'hommes, on se le réattribuera dans la vie spirituelle. Les personnes spirituelles sont censées être silencieuses ou parler doucement ? Qu'à cela ne tienne, l'orateur se fera le vertueux porte-parole et expert du dharma. Son besoin de contrôler, de diriger et de survivre ainsi qu'il l'a toujours fait se sera seulement paré de beaux atours spiritualistes. Son contexte et les raisons fondamentales de ses actes n'auront pas changé d'un iota. Par conséquent, c'est une pratique utile que de tout remettre en cause, sans exception, en se demandant : « de qui suis-je en train de me payer la tête ? »

Certains sont bourrés de problèmes, d'autres paraissent ne pas en avoir. Mais d'un certain point de vue, nous sommes tous les mêmes dans la mesure où nous sommes tous régis par notre ego. Et dans ce monde relatif, un océan sépare l'expérience de l'ego de celle de la volonté de Dieu. Il vous faudra longtemps pratiquer l'investigation intérieure avant de vraiment commencer à en sentir le véritable goût. Au début, le simple fait d'utiliser cette phrase aura des répercussions diverses, mais cela restera la plupart du temps en surface. Au bout de quelques années, vous commencerez à toucher des niveaux de plus en plus subtils. L'investigation vous fera effectuer la traversée de cet océan qui sépare l'expérience de l'ego de celle de la volonté de Dieu.

Au fur et à mesure de votre investigation, vous découvrirez tout un monde de phénomènes souterrains. Il se peut que cela s'avère terrifiant. C'est très important de traverser ce monde souterrain en observant ce qu'y s'y trouve sans pour autant s'y laisser prendre, surtout lorsque l'on a l'impression de se noyer ou d'être étouffé. L'investigation recèle en elle-même une influence, un pouvoir. Utilisée dans le contexte d'un engagement sur une voie, d'un rattachement à une lignée de maîtres, elle devient comme un radeau sur l'océan.

La phrase : « de qui suis-je en train de me payer la tête ? » renvoie à la nature essentielle du divin qui se laisse toujours mener en bateau par les stratégies de l'ego. Si nous tentons de savoir qui se cache sous ce « qui », le processus sera inefficace car seul l'ego peut tenter d'identifier ce « qui ». L'investigation est une approche qui vise, en fin de compte, à nous amener à la racine de la conscience, à son point de jaillissement, plutôt qu'à rationnellement clarifier nos dynamismes psychologiques. Cela se produira aussi, mais en tant qu'effet secondaire. Le fait de mieux se connaître psychologiquement ne prouve pas l'efficacité de l'investigation. Ce n'en est jamais qu'une petite part. Continuez, pratiquez sans relâche. Poussez la technique aussi loin que possible. Le corps sait ce qu'il est capable de supporter. Quand vous aurez assez pratiqué pour accéder à de nouvelles données, le corps exigera un temps d'assimilation. C'est ainsi que le travail se fait.

Si l'existence est toujours vécue selon la dynamique de la dualité, ou de la conscience sujet/objet, une stratégie de survie est perpétuellement à l'oeuvre, à chaque minute, y compris durant le sommeil. Pourtant, la vérité, c'est qu'il est impossible de ne pas survivre. Il n'y a aucune chance que l'être ou la conscience s'éteignent. Par conséquent, cette partie de nous-même constamment régie par la stratégie de survie ne cesse de se faire avoir.

L'investigation telle que je la préconise est une technique dualiste. Elle tient compte du paradoxe de la dualité du fait que, bien que nous ne soyions pas séparés et ne puissions d'ailleurs jamais l'être, nous fonctionnons comme si nous l'étions et ne cessons de perpétuer une stratégie de survie. « De qui suis-je en train de me payer la tête ? » constitue une technique pratique applicable dans le monde dualiste, dans le monde tel que nous nous le représentons et dans lequel il nous faut de ce fait pratiquer. Ainsi que l'a dit Jésus, « rendez à César ce qui est à César et à Dieu ce qui est à Dieu ». Le contexte de notre pratique, sa texture, doivent s'enraciner dans la réalisation concrète du paradoxe de l'incarnation. Nous sommes de l'esprit qui s'est fait chair.

L'investigation, correctement utilisée au fil des années, si nécessaire, nous amènera directement à la source de la stratégie de survie de l'ego. Le moindre élément de la conscience nous sera révélé. Et quand nous aurons fini de tout observer, il ne nous restera plus qu'à reposer dans l'être un état où il n'y a plus ni observation, ni analyse, ni révélation à propos de quoi que ce soit. C'est là le contexte de la non-dualité. C'est « l'esprit qui ne qualifie pas ».

Le travail spirituel repose sur la possibilité de trancher dans le vif de notre tendance à nous identifier personnellement avec toutes nos impressions mentales. Il est possible de ne plus qualifier chaque impression qui se présente de « bonne » ou de « mauvaise » et de ne plus tenter d'arranger les « mauvaises », lesquelles, de toute façon, n'ont pas de fin. Même si vous résolvez celles qui vous sont échues dans cette vie, il ne vous en faudra pas moins tenir compte des impressions négatives accumulées lors de vos vies passées, en admettant que l'on souscrive à la notion de réincarnation. Il importe de comprendre une chose : si Dieu seul est, et si nous sommes tous reliés les uns aux autres, il est impossible de déterminer à moins de disposer de pouvoirs surhumains si les impressions qui vous traversent sont effectivement les vôtres ou celles de quelqu'un d'autre. Sachant qu'il y a quatre milliards et demi d'êtres humains à la surface de la planète, cela fait beaucoup d'impressions... Si nous ne sommes pas capables de purifier notre propre psychologie, il est ridicule de prétendre s'occuper des résidus psychologiques de toutes ces autres cultures dont nous ne savons rien. Le travail psychologique a sa valeur, mais il est sans fin. Mieux vaut encore miser sur « l'esprit qui ne qualifie pas » ! Le sage indien Nisargadatta Maharaj a dit que le travail psychologique peut transformer un mauvais ego en bon ego, mais pas davantage.

Nous avons en nous-mêmes un « coeur spirituel », qui est le point de jonction entre notre séparation apparente et ce niveau dans lequel la séparation n'a pas cours. Il existe bien une source d'où jaillissent toutes les pensées, mais on ne peut attribuer ces pensées à quelque chose en particulier. Le point dont jaillit toute pensée est également la source de tout l'univers et nombre de pratiques spirituelles n'ont d'autre objectif que d'atteindre ce point.

On peut également parler de « l'esprit qui ne qualifie pas » en disant : « le corps sait ». « Sait quoi ? » demandez-vous ; question qui en elle-même procède déjà de l'habitude de tout qualifier. La formule « le corps sait » ne signifie rien de plus et rien de moins que ce qu'elle dit, voilà tout. Le corps sait !

Le corps sait, et en même temps, il est rare que le corps exprime sa sagesse, car le mental exerce un contrôle total sur tous les éléments de l'être. Si vous poursuivez l'auto-observation, peut-être vous sentirez-vous de meilleure humeur et y verrez à tort ou à raison un signe de progression linéaire. Le mental aime à tirer toutes sortes de conclusions de ce qu'il observe.

S'il était possible d'être simplement conscient de nos états changeants sans commencer à les analyser, le corps lui-même vous donnerait la réponse. Peut-être pas demain ou la semaine prochaine, mais si vous demandiez une réponse, il finirait par vous la donner.

En fait, toute question a sa réponse, et il n'y en a qu'une seule, pour chacun. Mais voilà qui, pour la plupart des gens, est tout bonnement inacceptable. Nos rigidités, nos conditionnements, notre éducation, nos préjugés, nos névroses, tout concourt à rendre cela inacceptable. Aussi le corps a-t-il bien du mal à faire passer son message à travers toutes ces barrières. Ordinairement, le corps transmet son message en nous présentant une question d'une plus grande intensité que celle qui nous préoccupe à ce moment-là. Comprenez-vous ?

Il en va de même dans la guérison. Une personne gravement malade peut passer par une crise annonciatrice d'un mieux. Sitôt le traitement administré, le mal empire, mais cette aggravation ne fait que précéder une amélioration. Ceci s'applique également à la sagesse du corps. Au lieu de répondre à notre interrogation, il l'amplifie. Si bien que certains y voient une crise, un phénomène douloureux, voire néfaste, alors qu'il conviendrait en fait d'y voir une opportunité. Même si la séparation se trouve momentanément amplifiée, il en résultera en fin de compte une plus grande intégration. L'esprit en arrivera à s'intégrer aux autres organes de perception. Il cessera de tout contrôler. Il établira toujours des distinctions, mais elles seront ni plus ni moins que des données objectives. Elles ne s'opposeront plus les unes aux autres et l'unité régnera.

Cela dit, on ne peut parvenir rapidement à ce résultat. J'aimerais qu'il en soit autrement, pour vous comme pour moi. Surtout pour moi, à vrai dire...

V

L'APPRENTISSAGE DU TRAVAIL

LES CONDITIONS D'ADHÉSION AU CLUB

« Faire partie du club » signifie servir Dieu, autrement dit être fidèle à rien moins qu'au principe suprême de l'univers. Rien d'étonnant, dès lors, à ce que le désir de suivre la voie puisse résister à tous les obstacles. Ce club est certes très sélect, mais pas parce que ses membres sont des personnes particulièrement extraordinaires. S'il est si fermé, c'est parce que rares sont les gens aptes à supporter le degré de destruction personnelle auquel on s'expose en y entrant. On n'entre pas au club simplement parce qu'on a les moyens de payer la cotisation. Cette cotisation n'est autre que le prix qu'il vous faudra chacun, personnellement, payer pour adhérer.

En dépit de mes avertissements, en dépit de ce dont témoignent toutes les grandes traditions, et en dépit de la mine sobre des instructeurs qui ont un peu de bouteille sur la voie, tout le monde s'imagine vouloir faire partie du club. Les gens pensent sans doute qu'on s'y amuse beaucoup, qu'on y jouit d'un grand pouvoir et que si les instructeurs tentent de les dissuader, c'est pour se garder le trésor.

Fondamentalement, on ne peut monnayer ou gagner d'une quelconque manière son admission au club. C'est comme un gros hameçon tombé du ciel : de temps à autre, il attrape quelqu'un et le dépose dans le club. Pas moyen d'y parvenir par ses propres efforts. On peut au mieux se tenir le plus près possible des locaux du club et ainsi multiplier ses chances de se faire un jour attraper. Si le club vous propose un job de garçon de course, de concierge ou de jardinier, sautez sur l'occasion. Participer au travail, c'est se tenir autant que possible à proximité. Se tenir à proximité du travail ne signifie pas nécessairement être physiquement proche du lieu où il est enseigné ; il ne s'agit pas forcément d'aller dans un centre, de s'établir géographiquement dans un endroit, mais plutôt de se maintenir en un certain climat, une qualité de sentiment, une disposition du coeur. Cette disposition du coeur devient une sorte de néon, un peu comme celui que les prostituées allument dans la vitrine pour faire savoir qu'elles sont disponibles.

Cette intelligence qui est l'essence de ce que nous nommons Dieu voit la lumière dans la vitrine et examine vos avantages, pour ainsi dire. Et dès que l'on a besoin de quelqu'un pour être au service du travail, vous vous faites cueillir. J'ai bien dit cueillir, comme on attrape un poulet quand on l'a affiché au menu ou comme on pêche un poisson. Et voilà.

Donc, maintenant que je vous ai dit qu'il n'y avait rien à faire pour devenir membre du club, je vais vous expliquer comment rester dans les alentours.

1/ Initiez-vous.

Beaucoup considèrent que pour commencer le travail spirituel, il est nécessaire de passer par une initiation formelle. Pour ma part, je ne juge pas que ce soit indispensable. De mon point de vue, les initiations formelles ne marquent pas tant un début qu'une reconnaissance de quelque chose qui a déjà eu lieu. De ce travail, on ne retire que ce qu'on y a mis.

On devient élève en disant qu'on aspire à le devenir, puis en attendant la suite. Bien sûr, je vous recommande certaines pratiques, mais c'est ensuite à vous de vous situer par rapport à elles. Simplement, allez doucement, pas à pas, soyez attentif à ce qui vous est renvoyé. Peut-être allez-vous aussi m'écrire, peut-être vais-je vous répondre. Je ne vais pas vous laisser vous engager trop vite, même si vous prétendez vouloir le faire. Vous pouvez essayer d'accélérer le processus mais je ne tolérerai ni n'encouragerai le moindre excès en ce sens. Il n'est pas rare que sous l'emprise du coup de foudre les gens veuillent donner davantage que le nécessaire ; en ce qui me concerne, je n'accepterai jamais de la part de quiconque davantage que ce qui me paraîtra raisonnable. Dès lors, une dynamique aura déjà été instaurée entre nous. Ce genre d'interaction vous donnera très vite une idée de ce que devenir mon élève signifie. A vous ensuite de décider si c'est ou non ce que vous voulez.

Devenir membre du club à part entière n'est vraiment pas chose facile. S'il en est ainsi, c'est pour dissuader les gens de s'engager dans quelque chose avant d'être assez solides pour l'assumer. Faute de prudence, ils seront brisés, et le but de la voie n'est pas de vous broyer.

Je n'initie personne ; c'est vous qui vous initiez. Vous prenez position, vous vous situez par rapport à la voie, et c'est cela, votre initiation. Je suis là pour vous aidez à vous situer ; pour vous confirmez que vous l'êtes ou vous montrer que vous ne l'êtes pas ; pour créer dans ce contexte une dynamique relationnelle. Mais c'est vous et vous seul qui prenez position. Chacun se dispense sa propre initiation en fonction de ce qu'il est prêt à investir dans la voie.

2/ Confrontez-vous à vos doutes et à vos questions

Pour entrer au club, il faut être disposé à ne pas esquiver les questions qui se poseront à vous. Certains aspects du club vont vous déranger ou vous apparaître incohérents. « Après tout, vous n'êtes qu'un homme, comme nous tous, pourquoi se prosterne-t-on devant votre portrait ? » Plus on mesure la valeur de cette voie par rapport à telle autre forme de travail ou de yoga, plus on est capable de prendre personnellement position puis de faire face à ses questions afin de se prouver si oui ou non j'ai le moindre droit à me présenter comme apte à vraiment vous aider et à vous transmettre quelque chose du divin. Partez de là où vous êtes, saisissez toutes les chances, toutes les occasions qui vous sont offertes et allez-y. Engagez-vous dans ce processus aussi doucement que possible. Ne soyez jamais pressés au début.

3/ Développez la discrimination et entretenez votre soif de réel.

Il était une fois un maître zen, il y a de cela bien des années. Ce maître n'avait qu'un seul et unique enseignement à donner. Chaque fois qu'on lui posait une question, quelles que fussent les circonstances dans lesquelles on le sollicitait, il levait invariablement la main droite et pointait un doigt vers le ciel.

Il était très connu et avait beaucoup d'admirateurs qui lui faisaient cadeau de fortes sommes, de terres, etc. Un jour, un de ses élèves, après l'avoir bien observé, décida qu'il aimerait bien lui aussi jouir d'une telle prospérité. Il se dit donc : « voilà un enseignement très simple. N'importe qui peut le dispenser. Peut-être devrais-je partir et tenter de me mettre à mon compte. Je deviendrai riche et célèbre, comme mon maître. »

Ce disciple se rendit donc à l'étranger et s'établit en tant que maître. Chaque fois qu'on lui posait une question, imitant son instructeur, il levait un doigt vers le ciel. Très vite, nombre de gens s'assemblèrent autour de lui et devinrent ses élèves. Il commença à s'enrichir, acquit un grand temple et se trouva à la tête d'une immense communauté. Au bout de quelques années, il devint orgueilleux, très arrogant, et décida d'aller rendre visite à son vieux maître pour lui faire étalage de sa réussite. Dans son arrogance, il s'imaginait qu'ils se rencontreraient sur un pied d'égalité, échangeraient de savantes considérations sur le dharma et jouiraient de se retrouver entre personnes éclairées. Lorsqu'il arriva chez le vieux maître, il y fut aimablement accueilli. « C'est bon de te revoir après tant d'années », lui dit le maître ; « comment vas-tu, où en es-tu ? » Se croyant très fin et d'une intelligence supérieure, l'élève adressa un sourire à son maître puis leva lentement un doigt vers le ciel. Voyant cela, le maître sortit un couteau et sans hésiter lui trancha net le doigt.

Le sang jaillit partout. L'élève commença à courir d'un bout à l'autre de la pièce en poussant des hurlements hystériques : « Oh mon Dieu, vous êtes fou ! Vous êtes un fou dangereux ! Vous m'avez coupé le doigt ! Que vais-je devenir ? » Ce à quoi le maître lui adressa un sourire, et, d'un geste familier, pointa un doigt vers le ciel. A en croire la légende, l'élève, à cet instant, atteint l'illumination parfaite qu'il n'avait jamais vraiment cessé de chercher. Tout est bien qui finit bien...

Comme toutes les histoires de ce genre, celle-ci pourrait donner lieu à bien des interprétations et à bien des commentaires de différents niveaux. Permettez-moi de m'essayer à ce jeu :

On dit parfois que le plus grand hommage que l'on puisse rendre à quelqu'un, c'est de l'imiter. Là réside d'ailleurs le fondement de la mode. Le problème avec l'imitation, au supermarché comme dans le domaine spirituel, c'est qu'elle ne modifie pas le rapport qualité-prix. Vous n'obtenez que la qualité pour laquelle vous êtes disposé à payer. Le fait qu'un produit ressemble à un autre produit ne garantit pas qu'il ait la même valeur et remplisse le même usage. Peut-être est-ce le cas, peut-être pas. Par exemple, aux Etats-Unis, il y avait une émission de télé, l'équivalent américain de « la camera invisible ». Pour distraire les téléspectateurs, les animateurs truquaient la réalité puis filmaient en cachette les réactions de personnes qui n'étaient pas dans le coup. Un jour, ils ont retiré le moteur d'une voiture, l'ont remplacé par une source cachée de courant électrique et se sont rendus dans une station service. Là, le conducteur a demandé au garagiste de vérifier l'huile. En ouvrant le capot, ce dernier n'en a évidemment pas cru ses yeux : comment pouvait-il ne pas y avoir de moteur dans cette voiture qu'il venait de voir arriver à la station !

Même si cette voiture ressemblait à une automobile dôtée d'un moteur, elle n'en était pas pour autant identique. Mais pour voir la différence, il fallait regarder à l'intérieur. Souvent, la différence entre une voie ou une communauté véhiculant un enseignement authentique et une pseudo « école » où l'on ne trouvera rien de plus qu'un peu de créativité et d'esprit n'est pas apparente en surface. Il faut « soulever le capot » pour vraiment savoir de quoi il retourne. Et cela, peu de gens sont prêts à le faire.

Dans l'exemple du disciple au doigt coupé, la réponse du maître paraît d'une extrême violence. D'un autre côté, c'est grâce à cet acte de violence que le disciple a atteint l'illumination. En outre, il a pu ensuite retrouver ses propres élèves et leur transmettre de manière authentique l'enseignement qu'il s'imaginait donner auparavant. En surface, rien n'avait changé ; en profondeur, tout avait changé. Les gens étant ce qu'ils sont, on peut d'ailleurs supposer que la plupart de ses disciples ont confusément ressenti la différence et l'ont alors quitté, non sans le juger sévèrement. Ils ont pris la fuite sous prétexte de se mettre en quête d'un « vrai maître », d'un homme « illuminé » selon leurs critères.

Deuxième enseignement de cette histoire : les changements de forme ont une dimension provocatrice et peuvent déclencher une mutation, nous faire voir les choses différemment. Dans sa jeunesse, Meher Baba s'est rendu auprès d'une femme-maître qui l'a embrassé sur le front. Ce baiser l'a précipité dans une extase non-duelle qui devait durer six ou sept mois. Puis il est allé trouver un autre maître qui lui a lancé une pierre, laquelle l'a frappé à l'endroit précis où la femme l'avait embrassé. Ce choc a été le point de départ d'un processus d'intégration de l'extase non-duelle. Jusqu'à ce moment-là, elle ne lui était d'aucune utilité pratique ; il a alors pu l'utiliser pour transmettre un enseignement. Dans un processus d'évolution, un choc peut constituer un catalyseur essentiel.

Si j'enseignais le « channelling », la manière de communiquer avec les maîtres établis sur un plan supérieur, je suppose que j'intéresserais davantage de gens et que nous gagnerions plus d'argent. Ah, comme ce serait intéressant, comme ce serait stimulant ! Nous baignerions nuit et jour dans l'enthousiasme. Il se trouve que ce genre d'effets faciles ne m'intéresse pas. Non que j'ai quoi que ce soit contre l'enthousiasme, bien au contraire ; mais à condition qu'il touche l'être et ne procède pas simplement d'une fascination à l'égard d'un phénomène. Quiconque aspire à devenir membre du club doit avoir vraiment soif et non simplement le désir de se distraire et de se sentir bien.

4/ Posez-vous la question : qu'est-ce qu'etre un apprenti ?

Poser sa candidature au club est à bien des égards comparable au fait de vouloir devenir l'apprenti d'un maître artisan. Un maître n'accepte qu'un apprenti ayant déjà fait preuve d'une certaine aptitude à la maîtrise de son art. L'étape suivante va consister à voir, au fil des travaux et des épreuves, si cette personne est aussi capable de discipline, d'intégrité et de persévérance.

Il en va de même lorsqu'on s'engage sur la voie. Personne n'y est accepté s'il n'a pas la possibilité d'égaler le maître.

Mais au-delà de ces considérations, la question qui se pose dans l'immédiat est la suivante : avez-vous les qualités qu'exige de vous cette voie, à savoir de la ténacité, une aptitude au sacrifice, au lâcher-prise, et une vraie force capable de grande souplesse ? Au fur et à mesure que vous progresserez, la voie exigera beaucoup de vous, autant que ce que vous en attendez.

Un homme qui étudiait l'aïkido au Japon m'a raconté cette histoire à propos de son ami, lequel était l'Occidental le plus haut gradé dans la pratique du Kudo, le tir à l'arc. Cet homme allait subir l'épreuve à l'issue de laquelle on lui conférerait le troisième degré de Kudo. Pour tirer profit de cette histoire, il faut comprendre qu'en Orient, la pratique prend place dans un contexte très différent de celui que nous connaissons en Occident. Là-bas, un élève ne demande à être mis à l'épreuve que s'il est sûr de pouvoir la réussir. Un échec est ressenti comme un manque de respect envers le maître. L'échec ne rejaillit pas tant sur l'élève que sur le maître. Le respect du maître constitue un élément crucial de toute forme d'apprentissage.

L'épreuve pour atteindre ce degré consistait à décocher très rapidement trois flèches l'une après l'autre et à atteindre à chaque fois précisément la même cible. Cet élève occidental s'était très durement entraîné, d'autant qu'il en était à sa deuxième tentative. Lors de son premier essai, il avait fait mouche deux fois mais avait raté à la troisième flèche. Cette fois, il réussit, et les trois flèches atteignirent parfaitement la cible. Poussant un soupir de soulagement, l'élève se détendit et regarda le maître, s'attendant à le voir sourire en signe d'approbation.

Mais le maître avait l'air contrarié et, secouant la tête, dit simplement : « non ». L'élève fut d'abord sous le choc puis sentit un peu de colère monter. D'une part, il ne comprenait pas pourquoi il avait échoué et d'autre part éprouvait du remords à l'idée d'avoir manqué de respect à son maître. Il en voulait à ce dernier et s'en voulait à lui-même. Aussi interrogea-t-il le maître : « qu'ai-je fait de mal ? » « Tu as tiré ton troisième coup, répliqua l'instructeur, puis tu as repris la posture, mais ton arc n'était pas assez près du sol. Tu le tenais six pouces trop haut ».

L'élève protesta : « mais vous ne m'avez jamais enseigné cela ! C'est un point que vous ne m'avez jamais expliqué ! »

D'un air très contrarié et impatient, le maître dit : « Je ne suis pas censé tout te dire ; c'est à toi d'être attentif. »

L'homme reconnut le bien-fondé de cette objection et réussit l'épreuve à sa troisième tentative.

Dans ce club, dans cet apprentissage, c'est un peu la même chose. C'est en étant attentif que vous recevez l'essentiel de l'enseignement et non en passant par une initiation formelle.

5/ Soyez disponible à l'aide qui vous est offerte.

Si surprenant que cela puisse vous paraître, j'ai eu autant de mal que beaucoup d'entre vous à comprendre cela. Il y a des êtres qui m'aident beaucoup dans ma vie. Nous sommes égaux et néanmoins je constate que leur expérience de la voie est plus vaste que la mienne. Je m'en sens très reconnaissant, car la responsabilité se trouve ainsi partagée ; mais au début, je ne m'en rendais pas compte. J'étais persuadé d'être un grand maître qui savait tout, etc., etc... Je n'étais pas prêt à accepter l'aide de quiconque. Mais ensuite, cette aide est devenue nécessaire. Tout le monde a besoin d'aide. Quand vous adhérez au club, vous êtes seul, mais être seul ne signifie pas être indisponible, et surtout pas indisponible à l'aide que vous pourriez recevoir.

Au vu de l'expérience du Christianisme, de l'Islam ou de l'Hindouisme, nous devrions nous rendre à l'évidence : en l'absence d'une force directive présente de manière personnelle dans notre existence, la possibilité de mal interpréter les enseignements traditionnels est pratiquement illimitée.

Ma propre expérience me montre que si un enseignement ne s'incarne pas à travers l'un de ses représentants vivants, toutes les mésinterprétations sont permises, au point qu'il est pratiquement impossible de savoir ce que le maître voulait réellement transmettre.

Je me présente comme un gourou, ce qui peut paraître aussi présomptueux qu'arrogant. Nul doute que cela ne fasse lever des résistances chez beaucoup. Néanmoins, j'ai compris à travers mon propre parcours que l'aide susceptible d'être apportée par une personne vivante est bien plus importante que ce que l'on peut tirer des écritures ou de l'histoire de gens disparus. Par conséquent, c'est avec un sentiment de totale intégrité que je m'inscris dans cette ligne et la perpétue. C'est ainsi que je me présente et j'autorise mes élèves à consolider cette structure. Sachez que je n'en tire ni plaisir ni reconnaissance personnelle ; je ne m'y résouds, au contraire, qu'avec beaucoup d'hésitations et en étant vraiment conscient des pièges et dangers de cette position.

Je sais bien que les circonstances favorisent une structure hiérarchique et qu'aux yeux de certains, je me pose en supérieur commandant à des subordonnés. Mais cela ne me pose aucun problème. Parlons net : j'ai payé le prix, et pas vous. L'instructeur, c'est moi. C'est moi qui édicte les règles, qui écris les livres et crée l'espace dans lequel nous travaillons. Et si cela vous pose un problème, tant pis ! Au sein des sociétés tribales, dans lesquelles les dynamismes de l'ego ne sont pas aussi bizarrement définis que dans le monde occidental, les différences de fonction font l'objet d'une reconnaissance générale et tacite. Personne ne discute que tel ou tel soit le mieux qualifié pour remplir telle ou telle fonction. Cela ne pose tout simplement aucun problème.

On ne peut résoudre des questions comme celle de l'égalité, de la relation maître-disciple, du rapport entre supérieur et subordonné, que par la transformation de la structure égotique et non par une approche discursive. Et c'est un dur travail que de transformer la structure égotique !

Je suis très critique envers ceux qui refusent de suivre un maître vivant afin de s'éviter les efforts que cela implique. Comment pouvons-nous travailler sur l'ego si c'est l'ego lui-même qui fixe le cadre du travail ! C'est tout bonnement impossible.

Aujourd'hui, c'est à la mode de déclarer : « nous sommes nos propres maîtres. Tout ce dont nous avons besoin est en nous. » Je suis à la fois d'accord et pas d'accord.

Toute fausse culture se fonde sur une reconnaissance instinctive de la vérité. Mais cette intuition du vrai se manifeste à travers le filtre de la stratégie de survie. Ainsi, affirmer que le vrai maître est au-dedans de nous, que nous disposons déjà de tout ce dont nous avons besoin et qu'il nous suffit d'y accéder constitue une reconnaissance instinctive d'une vérité philosophique, à savoir que Dieu seul est. Le problème, c'est que la personne affirmant cela vit isolée dans sa bulle. Aussi ne peut-elle recevoir aucune aide d'aucune sorte, si l'on s'en tient à ce qu'elle affirme elle-même. Cette idéologie typiquement « nouvel âge » pervertit la vérité de départ pour la mettre au service de la stratégie de survie de l'ego. Passée par ce filtre, cette vérité se transforme en à peu près ceci : « si je reconnais que je suis déjà ce que je cherche, si j'en suis assez profondément convaincu, cette conviction me sera une protection absolue. Cela m'empêchera d'être jamais vulnérable et de m'ouvrir à quiconque ou à toute forme d'aide.»

Néanmoins, le temps nous est d'un grand secours. Avec le temps et si les circonstances s'y prêtent, toute personne un tant soit peu honnête et lucide en viendra, sinon à admettre, du moins à constater que ce fameux maître intérieur ne s'avère pas efficace. Il se peut que les réponses qu'il donne ne se fassent jamais attendre ; il se peut même qu'elles soient justes; mais ce n'est pas en s'appuyant sur ce maître intérieur que l'on transforme la souffrance égoïque en compassion. Et c'est précisément cette transformation que je propose.

Adhérer au club implique que l'on veuille m'utiliser en tant que maître. Ce qui suppose que vous persévériez assez longtemps pour avoir une idée de ce dont il s'agit vraiment.

Je ne vous faciliterai pas la tâche. Je pourrais me montrer très doux, très féminin, très réceptif et nourrissant, plein de compréhension, mais cette attitude ne produirait pas les résultats qui m'intéressent. Ce qui m'intéresse, c'est de pousser chacun à traverser tous les voiles. Je veux que chacun s'attache à chercher ce qu'il y a derrière ces voiles.

Et derrière ces voiles, il y a bel et bien quelque chose. Quelque chose que je tiens pour très important et qui se situe au-delà des préjugés et parti-pris propres à notre humanité ordinaire. Au fur et à mesure que vous me connaîtrez mieux, ce sera à vous de décider si ce que je dis est vrai.

Différentes prises de conscience prennent place eu égard à la voie que je propose. La première consiste à trouver en moi un père et à se sentir très touché par cette dimension patriarcale que je favorise à dessein. La deuxième prise de conscience, qui peut parfois prendre pas mal de temps, consiste à réaliser que je représente en fait le féminin et non le masculin.

Et par-delà ce stade, bien au-delà, vient la prise de conscience que ma valeur pour vous en tant que maître dépend de votre aptitude à passer cette porte pour pénétrer dans la réalité totalement non-duelle. Mais pour passer la porte de la non-dualité, il faut d'abord passer par les initiations des polarités masculines et féminines.

Si, au départ, je présente une énergie nettement patriarcale, c'est que je cherche des élèves peu disposés à devenir des « adeptes ». Je ne veux pas d'une armée de femmes prêtes à mourir pour la cause ! Peut-être cette idée vous offense-t-elle parce que vous ne vous sentez en rien susceptibles de tomber dans ce panneau ; j'ai cependant remarqué que quand des femmes libérées, des féministes, s'enflamment pour une cause, fût-ce celle, en apparence si antithétique, de servir un maître mâle, elles deviennent militantes ! Une bombe atomique ne suffirait pas à les déloger car, en vérité, le mouvement féministe n'est pas tant une recherche de la féminité qu'une réaction contre la domination masculine.

6/ Refusez d'etre un adepte

Qu'est-ce qu'un adepte ou «suiveur» ? Quelqu'un qui apprécie les idées liées à une voie ou à un maître spirituel et est prêt à tout faire pour ces idées sans que cette position soit le moins du monde enracinée dans son corps. C'est pourquoi les adeptes sont des gens très dangereux : ils n'ont aucune conscience de toutes les répercussions engendrées par l'interaction des dynamismes énergétiques.

Ils sont semblables à des rats prêts à sauter dans le gouffre sans raison, sans réfléchir, simplement parce qu'une idée leur plaît. Ils sont prêts à mourir pour la cause et ont donc fortement tendance au fanatisme.

Sur des voitures, en Amérique, j'ai vu des autocollants proclamant : « La Bible l'a dit, je le crois, point final ». Ce slogan provenait vraisemblablement de chrétiens fondamentalistes. J'y vois le signe d'une attitude très dangereuse que l'on retrouve dans bien des voies spirituelles. A cet égard, il convient d'être habile. Si, au début du travail avec moi, je ne tolérais pas certains éléments passionnels ou certaines tendances à l'exagération, je n'aurais presque pas d'élèves. Peut-être même n'en aurais-je aucun. En même temps, je suis pleinement conscient de ces mécanismes et ils me déplaisent. Avec le temps, je montre clairement aux gens qu'ils fonctionnent à mon égard avec cette mentalité « d'adeptes » et leur signifie qu'il leur faut se situer différemment. Gurdjieff, dont j'admire profondément l'enseignement, faisait très peu de concessions à cette mentalité, si bien que durant sa vie il n'a conservé qu'un petit nombre d'élèves très déterminés. Plus on se rapproche de ce qui constitue le coeur du travail, moins on a de latitude pour ce genre de comportements passionnels.

On ne se rapproche pas du coeur du travail en étant physiquement proche de moi mais en se situant en sa propre présence et par rapport à sa propre voie.

Un élève diffère d'un adepte en ceci qu'il est prêt à participer au travail tel que le maître le définit. L'élève, homme ou femme, ne dispose pas nécessairement de toutes les réponses et n'a pas même complètement foi en son maître. Un élève se sent en présence d'une réalité précieuse et désire voir comment cette réalité peut s'incorporer à sa vie. Ensuite, avec le temps, la confiance grandit, de même que le respect envers le maître et la volonté de prendre part au travail.

Au-delà de « l'adepte », au-delà de « l'élève », il y a ce que j'appelle le disciple : celui qui a pris conscience que le maître est la porte qui mène à Dieu. Celui-là est prêt à tout pour franchir cette porte. Peut-être le disciple ressent-il encore beaucoup de conflits vis-à-vis de la forme ou du style adopté par le maître dans son travail, peut-être même vis-à-vis de l'environnement et de l'entourage du maître ; mais cela ne l'empêche pas d'être un disciple.

La traductrice des *Récits de Belzébuth à son petit-fils,* l'un des ouvrages fondamentaux de Gurdjieff, a vécu avec lui en France dans sa jeunesse. Elle n'avait guère plus de vingt ans et était très belle. Elle entendait sans cesse des histoires à propos de l'immoralité de Gurdjieff, de sa façon de vivre scandaleuse. On disait qu'il mettait dans son lit la plupart des femmes qui croisaient son chemin. Pourtant, il n'avait pas agi ainsi avec elle. Il se montrait très respectueux, élégant et sensible. Aussi avait-elle peine à croire à ces rumeurs. Un jour, elle interrogea Gurdjieff : ces histoires étaient-elles vraies ? Quel en était le sens ? Sa réponse mérite de figurer dans les annales : « Tous mes péchés sont en surface » lui dit-il. Puis il lui expliqua que l'essence et l'intégrité de son enseignement n'étaient en rien atteints par son comportement apparent. Mais, pour la plupart de ses élèves, c'en était trop. Ils ne pouvaient s'en accommoder et le quittaient. Cependant, ceux qui étaient capables de voir ce qui résidait au-delà de ces comportements accédaient à quelque chose d'inestimable et qui à l'époque ne pouvait être trouvé nulle part ailleurs.

Un disciple reconnaît avant tout la valeur de la voie qui lui est proposée et voit en le maître un canal par lequel se transmet cette voie. Le disciple fera tout ce qui est nécessaire pour que cette voie s'intègre à sa propre vie.

Il n'existe pas de portes universelles menant à cette voie ; seulement des portes humaines. On mérite le nom de disciple lorsqu'on a une relation dévotionnelle avec un autre être humain perçu comme une porte menant à Dieu. Non, les nuages ne sont pas des portes menant à Dieu ! Croyez que j'en suis désolé. La Forêt Noire, si merveilleuse soit-elle, ne vous mènera pas à Dieu.

Nombre de soi-disant maîtres, qui ne sont pas eux-mêmes des portes, n'en appellent pas moins leurs élèves des « disciples ». Les maîtres authentiques ne sont pas si courants. Aussi est-ce à chacun de vous de discerner si je suis ou non une porte menant à Dieu. Cela vous demandera du temps et de l'attention.

*

* *

Si je ne suis pas votre maître, le temps que nous passons ensemble ne vous en sera pas moins très utile. Ce que transmet un maître authentique pourra être utilisé par n'importe quel autre maître authentique. Ce que nous faisons ensemble vous restera acquis lorsque vous trouverez *votre* maître.

Mais de toute façon, vous avez besoin d'un maître. L'ego est si sophistiqué qu'il peut trouver bien des excuses pour se dispenser de recevoir une aide véritable. Nous avons besoin d'une force dirigeante objective pour nous maintenir sur la voie. Pour la plupart, nous sommes capables de nous aveugler au point d'être persuadés que nous ne nous sommes pas égarés, et ce jusqu'au moment de notre mort. Mais alors il sera trop tard. C'est maintenant qu'il faut commencer. Cette voie n'attend personne. Si vous n'entrez pas dans la voie, elle vous passera par-dessus comme un rouleau compresseur.

7/ Utilisez ce que le maitre vous propose

A mes yeux, la vie n'a pas à être préservée à tout prix. Se contenter d'aller et venir sur deux jambes n'est pas ce que j'appelle vivre. Si ma vie n'est pas sustentée par une très fine qualité de « nourriture », j'aime autant être mort. Dans ces conditions, cela m'est vraiment égal. Que ce soit dans ma relation avec mes élèves, ma famille où ma mère (qui à l'heure où je vous parle est en pleine forme) je ne saurais me contenter du fait que ma présence « apporte quelque chose » à mon entourage. Si ceux qui m'entourent ne sont pas réceptifs à cette présence et prêts à en tirer vraiment parti, qu'ils aillent au diable. Ils peuvent très bien se passer de moi. Que les gens aient « besoin » de moi ne m'intéresse pas. Qu'ils s'en aillent et projettent leur besoin sur quelqu'un d'autre. C'est assez facile d'avoir besoin de quelqu'un. La seule chose qui intéresse un maître, c'est qu'on l'utilise.

Pour que les gens puissent utiliser un maître, tirer parti de ce qu'il est susceptible de leur offrir, trois conditions sont requises. La première, c'est l'intention. Il faut que vous désiriez utiliser le maître. Dans la mesure où la plupart des gens sont à peu près sincères lorsqu'ils abordent cette voie, cette première condition est presque toujours remplie.

La deuxième, c'est la discipline, la volonté ou l'attention. Ces termes désignent la même chose. Que vous vous preniez pour un grand héros spirituel ne signifie rien : l'important, c'est que vous soyez capable de *faire* quelque chose avec ce que l'on vous donne. Voilà qui est déjà plus difficile car beaucoup de gens sont trop faibles pour persévérer, quelque soit leur désir de suivre la voie.

Et la troisième condition, c'est d'avoir la capacité physique de supporter ce qui nous arrive quand on suit la voie. Si on fait un tout petit peu de travail spirituel et que les plombs sautent, les plombs émotionnels ou physiques, ou si le système nerveux commence à s'affoler et finit par craquer, ce ne sera pas vraiment utile à la transformation.

Plus ces conditions sont réunies chez un individu, plus je reconnais son aptitude à ressentir le vrai sens du travail, moins je lui donne d'informations. Vient tout simplement le moment où une occasion lui est offerte. A lui d'en tirer ou non parti, mais je ne fournis aucune explication.

Néanmoins, il importe de comprendre que mon aptitude à donner aux gens précisément ce dont ils ont besoin pour progresser spirituellement ne se fonde chez moi ni sur des observations d'ordre psychologique ni sur des suppositions éclairées. Il s'agit purement d'une question d'instinct. Quand je travaille avec une personne ou un groupe, ce qui se produit ne découle jamais d'une quelconque préparation intellectuelle de ma part.

La valeur d'un maître ne réside pas dans son aptitude à analyser le caractère des gens ou leurs dispositions pour ensuite chercher à tirer le maximum de possibilités données. Si un maître n'est pas soumis à quelque chose de plus, à ce que j'appelle « l'influence divine » dont chaque maître parlera avec ses mots à lui, si un maître n'est pas le véhicule d'une présence transcendante, il peut toujours repérer les points faibles des gens et appuyer là où ça fait mal sans que cela ait la moindre valeur.

8/ Faites grandir en vous un sentiment de réceptivité à l'influence divine

Le domaine du conditionnement dualiste et celui de la non-séparation, de l'union déjà présente, sont aussi éloignés l'un de l'autre que la nuit l'est du jour. Mais ces deux domaines ont en quelque sorte conclu un pacte qui les intègre l'un à l'autre jusqu'à ce qu'ultimement il n'y ait plus de paradoxe ou de conflit entre la dualité et la non-dualité. Ce processus d'intégration, cette dynamique, n'est autre que ce que j'appelle l'influence divine.

L'influence divine ne peut franchir le gouffre séparant le domaine divin du domaine ordinaire. Entre les deux, un pont est nécessaire. Telle est précisément la nature du maître spirituel : il fait office de pont entre le domaine divin et le domaine ordinaire.

Beaucoup se demandent si ce pont doit nécessairement être une personne humaine. Les forces de la nature, par exemple, ne pourraient-elles pas faire l'affaire ? Je maintiens que ce pont doit être une personne humaine. En effet, les êtres humains, pour s'accorder au divin, ont besoin d'être soumis à un processus mettant en oeuvre les mêmes dynamismes que ceux qui opèrent déjà en eux. Paradoxalement, le maître n'est ni complètement humain ni complètement divin ; il a un pied dans chaque domaine. Et c'est sur ce pont que se trouve le chemin par lequel les autres vont pouvoir traverser.

Aux yeux du profane, il semble que le maître collectionne les élèves pour sa propre gloire. Il est compréhensible que les choses puissent apparaître ainsi. En fait, le maître spirituel est cela par lequel la conscience de l'élève doit passer ; il est comme une cellule à l'intérieur de laquelle prend place l'alliance des domaines dualistes et non-dualistes.

Quand vous étudiez auprès d'un maître, quel qu'il soit, l'important n'est pas de vous fonder sur son style de vie pour décider si vous allez ou non poursuivre avec lui mais de ressentir profondément l'intention qui l'anime. On trouve dans l'histoire beaucoup d'exemples de maîtres extrêmement efficaces dont l'existence ne correspondait en rien à notre idée de la morale, de la spiritualité, voire paraissait à bien des égards contradictoire. Je pense à Gurdjieff, déjà cité tout à l'heure. Certains grands maîtres furent des ivrognes, des drogués, des libertins, des menteurs et des voleurs. Certains furent même violents. Cela ne change rien.

Souvent, ce qui est compassion aux yeux du maître vous apparaîtra cruel, mais il vous faut entrer en résonance avec son action, ressentir ce qui l'anime, avant d'émettre un jugement sur la manière dont il se manifeste. L'information n'est certes pas inutile, mais ce qui est encore plus utile, c'est le sentiment instinctif de ce qu'est cette voie et la volonté de l'assumer, que vous compreniez ou non. Comme l'a dit Werner Erhard, « la compréhension seule n'est jamais qu'un attrape-nigaud ».

La plupart des gens croient gagner alors qu'ils perdent. Ce que je veux dire, c'est que pour l'ego, toute perte par rapport à Dieu est ressentie comme un gain par rapport à lui-même. Intellectualiser, c'est fonder votre existence sur les manipulations du mental rationnel plutôt que lui permettre de se laisser guider par le corps. Quand vous vous aventurerez dans la voie, votre mental ne s'arrêtera pas, mais il cessera de vous régenter comme il le fait aujourd'hui.

Voilà, vous savez tout. Et à présent que vous êtes avertis de la difficulté de cette voie, maintenant que vous savez que la plupart des gens désireux de s'y engager ne savent pas où ils mettent les pieds, etc. etc... faites attention. Comme le dit le proverbe anglais, si on vous donne un cheval, ne pinaillez pas à propos de la bride, en d'autres termes ne laissez pas passer une occasion, mais ne vous précipitez pas non plus. C'est tout. J'aime à penser, peut-être est-ce présomptueux, que je ne laisse pas les gens se précipiter. Il se pourrait que certains de mes élèves ne soient pas d'accord, en particulier ceux qui pour la deuxième fois se retrouvent en train de couler sans avoir encore appris à nager.

VI

L'HOMME ET LA FEMME

Le tantra, la sexualité, la relation et l'amour

Du strict point de vue métaphysique, rien n'existe qui ne soit pas Dieu. C'est vrai. Mais d'un point de vue pratique, lorsque les êtres humains doivent gagner leur vie, trouver un certain confort moral et physique, entrer en relation les uns avec les autres, apprécier l'art, l'élégance et tout le reste, les truismes philosophiques ne sont d'aucune utilité.

La nature du divin est également dualiste en ce sens que toute manifestation est faite d'opposés qui s'attirent. Du point de vue énergétique, les hommes et les femmes sont comme deux pôles magnétiques nord et sud ou comme les deux pôles électriques, positifs et négatifs. Il est naturel qu'ils s'attirent mutuellement. Si cela ne se produit pas de manière élégante ce qui est, hélas, le cas si les hommes ne résolvent pas le « problème » de la femme et si les femmes ne résolvent pas le « problème » de l'homme... pas la peine de se préoccuper de Dieu.

Ma forme d'enseignement consiste avant tout à évaluer les obstacles qui vous empêchent de réaliser le divin et non à parler poétiquement de Dieu sans que cela change quoi que ce soit dans votre vie. Ce qui m'importe, c'est ce qui est vraiment nécessaire et de ce point de vue je reste très concret, très ferme et très direct.

La révolution sexuelle a déferlé comme une tempête sur le monde occidental et cependant, il me semble que les gens sont plus insatisfaits que jamais dans leurs relations sexuelles. Même si les gens disposent aujourd'hui de tout un tas de machins électriques, ont accès à toutes sortes de livres et de films leur expliquant comment faire l'amour, ils le font plus mal que jamais.

Pourquoi sommes-nous à ce point fascinés par le sexe ? A cause des sensations qu'il nous procure ? Non. Le sexe nous fascine parce qu'à travers lui nous connaissons une sorte de mort. Dans la sexualité, nous mourons, et c'est cela que nous recherchons. Nous cherchons désespérément quelque chose qui nous fasse oublier ce monde dissonant dans lequel nous vivons, et la sexualité est censée nous procurer cet oubli. Aussi y avons-nous de plus en plus recours à cette fin. Mais cela ne marche pas vraiment. Une seconde après un orgasme de quinze ou vingt secondes, c'est fini, et vous vous souvenez de votre souffrance. Nous voulons désespérément mourir, mettre un terme à nos souffrances. Nous aspirons à renaître, désespérément, à ressentir ! Nous voudrions tellement nous réveiller. Là réside la fascination de la sexualité.

Au fur et à mesure que vous vous engagerez sérieusement dans la voie spirituelle, vous vous situerez différemment à l'égard de la sexualité. Vous cesserez d'y voir une détente, un plaisir, un point fort de la journée, une manière de manipuler ou d'être manipulé. La sexualité prendra de plus en plus sa place dans votre vie, en même temps que tout le reste, en tant que réponse spontanée et naturelle au moment présent, à l'intérieur d'un contexte, dans un climat et une attitude que vous sentirez d'instinct comme appropriés.

Quand la sexualité est vue pour ce qu'elle est réellement, à savoir une communion avec la Déesse ou avec Dieu (selon que vous êtes homme ou femme), le plaisir que l'on en tire s'enracine dans la réalité. La «communion avec le bien-aimé» implique beaucoup plus que l'acte en lui-même et l'orgasme ; beaucoup plus... même lorsque l'acte s'accomplit dans un sentiment de bonheur, d'attention à l'autre, de plaisir, il reste encore beaucoup à découvrir. Mais on ne peut y avoir accès tant que l'on n'est pas enraciné dans la réalité. Et être enraciné dans la réalité, c'est tout simplement faire ce qu'on est en train de faire.

Selon moi, on ne découvre pas le divin en « planant » de plus en plus mais en devenant complètement normal.

*
* *

Je feuilletais l'autre jour un magazine allemand à grand tirage. On y parlait beaucoup des ateliers tantriques, très répandus en ce pays. « Trouvez la béatitude par le tantra », etc., etc. Et je me suis dit que toute cette histoire de tantra servait d'excuse à la pire forme de complaisance et de masturbation égoïque. Les gens se mettent tout nus, se contemplent les uns les autres et se tapent sur l'épaule en s'exclamant : « ah, ne suis-je pas formidable ? Ne suis-je pas expert en matière de sexualité, ne suis-je pas libre, merveilleux ? » J'ai peine à croire que de tels magazines publient ce genre de techniques tantriques. Pour moi, soyons clair, tout cela n'est que de la merde !

J'apprends que tel auteur recommande que pendant un mois les partenaires ne se touchent pas. Donc, ils commencent, la première semaine, en se tenant assis tout habillés, chacun à un bout de la pièce et ils se contentent de se regarder, vous savez, le vieux truc romantique du regard embrumé... La deuxième semaine, ils s'assoient l'un en face de l'autre, tout habillés, et se regardent yeux dans les yeux pendant une heure. Je suppose qu'ils dissimulent leur concupiscence sous un regard extatique... La troisième semaine, ils se déshabillent et continuent à se regarder assis. La quatrième semaine, ils s'assoient tout nus genoux contre genoux. C'est alors qu'on est censé être fin prêt pour aborder le vrai tantra. Vous vous rendez compte, voilà ce que racontent ces bouquins... En fait, au bout des quatre semaines, les partenaires se ruent l'un sur l'autre comme des fous et ce qui se produit alors est à 80% fantasmatique et à 20% physique. Bien sûr qu'ils prennent leur pied, comment en serait-il autrement après un mois de passion réprimée ? Pas étonnant que l'expérience s'avère extrêmement puissante. Mais c'est du fantasme et non du tantra.

Une autre approche du tantra consiste à vous montrer toutes sortes d'étonnantes positions sexuelles la tête en bas, par devant, par derrière, avec les doigts, les doigts de pied, le nez... Mais là encore, le tantra n'a rien à voir avec la position que vous adoptez. Cela ne change absolument rien.

La sexualité telle qu'on la pratique habituellement est affaire d'autosatisfaction. Regardez les médias, la publicité : la sexualité s'y étale comme un objet de consommation courante. Nous ne pouvons ressentir le moindre appel à une sexualité plus vraie sans que ce mouvement soit étouffé par le besoin névrotique de copuler de manière « branchée », ainsi que nous y encourage tout le battage médiatique dont on nous gave depuis notre plus tendre enfance. Nous sommes censés faire l'amour en play-boy, en « play-girl », comme un bel étalon bien dans le coup. Le clou, ce sont ces magazines féminins de luxe. Les articles qu'on y publie encouragent la sexualité la plus irréaliste et les relations les plus superficielles qu'on puisse imaginer. Bien qu'ils ne soient ni pornographiques ni même très explicites, ces journaux entretiennent chez les femmes des dispositions rêveuses, sentimentales et adolescentes au pire sens du terme.

C'est la même chose dans les magazines pour hommes. Quand il le faut, vous devez être un dur mais aussi vous montrer tendre et compréhensif au bon moment ; les femmes, l'argent, la nourriture, les bagnoles et le sexe ne doivent plus avoir de secrets pour vous. Ce qu'en général nous associons aujourd'hui à la sexualité n'est ni plus ni moins qu'une tendance névrotique à nous conformer au modèle d'homme ou de femme que notre culture nous a imposé.

Et dans tout cela, il y a si peu de vrai plaisir... Les gens font des tas de choses pour se sentir bien dans leur corps mais nous savons bien que cela ne suffit pas. Peu de temps après un massage, dès que le corps ou l'esprit commencent à se sentir un peu moins bien, nous voilà de nouveau en quête de sensations fortes. Sans un peu de compréhension, un peu de tendresse, de chaleur, qu'est-ce qu'une relation sexuelle ? Peu importe si le corps se sent bien. Les sensations les meilleures n'ont rien à voir avec le fait de toucher telle ou telle partie du corps. Si la femme sent que l'homme est auprès d'elle vraiment un homme, cela la comble infiniment plus que tout ce qu'il pourrait faire à son corps.

Les hommes seront toujours un mystère pour les femmes et les femmes un mystère pour les hommes. Devenir un grand technicien de la sexualité constitue le plus sûr moyen de détruire le mystère. Certes, aux yeux d'un homme ou d'une femme frustrés, un partenaire dôté d'une bonne technique apparaît idéal. On retrouve cette illusion dans tous les domaines de l'existence, y compris dans la voie spirituelle. Mais si l'on recherche la communion avec Dieu, nul degré de maîtrise technique ne saurait nous en rapprocher. Un bon technicien de la sexualité sait comment s'y prendre pour exciter quelques terminaisons nerveuses dans le cerveau. Peut-être ces sensations vous paraîtront-elles divines ; mais dites-vous bien qu'une expérience, si extatique soit-elle, qui ne transforme pas celui qui la fait en un être humain capable de vraie présence auprès de ses enfants, des membres de sa famille, de sa compagne ou de son compagnon, capable d'être vraiment présent à tous les aspects de la vie, semblable expérience ne saurait être vraiment divine. La vie naturelle et ordinaire, telle qu'elle est, constitue le creuset alchimique, l'espace à l'intérieur duquel la transformation se produit.

Ce n'est pas au Ciel que l'on découvre le Divin. Si tel était le cas, nous serions aux Cieux, et non pas ici. Et en dépit de cette philosophie selon laquelle le Royaume des Cieux est « ici et maintenant », en dépit de notre aspiration à faire de notre existence un paradis... j'ai le regret de vous apprendre que nous ne sommes pas au Ciel !

Depuis les temps anciens, on sait que l'acte sexuel est un générateur et un catalyseur. Nombre de maîtres spirituels et d'adeptes ont utilisé la sexualité en tant que méthode favorisant l'accès à des niveaux de conscience plus élevés. En un sens, ils faisaient évoluer la race humaine grâce à la sexualité. On voit souvent des images issues de la Chine ancienne ou des traditions hindoues et bouddhistes montrant les Dieux en compagnie de leurs partenaires. Il existe en Orient de magnifiques oeuvres d'art créées pour célébrer l'union sexuelle dans sa dimension transcendante. Cela n'embarrassait personne.

Dans le tantra authentique, la communication s'établit entre les énergies femelles et les énergies mâles. Elle se fonde sur la connaissance déjà présente du fait que nous ne sommes pas séparés. Le véritable tantra implique une compréhension limpide de la nature de l'homme et de la femme ainsi que de l'alchimie possible entre eux.

Fondamentalement, les femmes constituent l'élément réceptif et les hommes l'élément actif. Puisque les femmes symbolisent la Shakti, la déesse, elles symbolisent aussi la forme, l'activité, le mouvement, l'énergie... et les hommes symbolisent Shiva, l'Absolu dénué de forme, la conscience pure et simple. L'union de Shiva-Shakti suppose de la part de la femme une ascension : aller de Shakti à Shiva, c'est passer de la forme au domaine du sans forme. Pour l'homme, cette union implique une descente, Shiva descend en Shakti, le sans forme descend dans le monde de la forme.

Quand Shiva et Shakti se fondent l'un dans l'autre, Shiva devenant Shakti, Shakti devenant Shiva, c'est l'union parfaite. Alors, les sexes disparaissent ; subsiste seulement ce qui apparaît dans le domaine de la réalité. Lorsque ce processus se produit dans un couple, il se peut qu'il y ait un orgasme ; mais il s'agit alors d'un orgasme non localisé qui, chez le mâle, n'aboutit généralement pas à une éjaculation, si bien que l'énergie de l'homme demeure reliée à celle de la femme au lieu qu'il y ait arrachement.

La pratique physique du tantra implique l'utilisation, mais pas nécessairement la stricte préservation de la semence, conjuguée à une manière juste d'aborder la sexualité et d'en utiliser l'énergie. Quant à la pratique subtile du tantra, elle implique le bon usage de l'attention. Lorsque l'activité sexuelle est à peu près régulière, l'homme produit beaucoup de semence et la femme beaucoup de fluide sexuel. Lorsque l'on permet à ce fluide d'être réabsorbé par le corps au lieu d'en être expulsé, il aide certaines zones du cerveau à sécréter des hormones particulières. C'est ainsi qu'il stimule la glande pinéale, traditionnellement associée au « troisième oeil ». Nous ne connaissons pas toutes les propriétés de ces glandes, mais l'expérience montre que leur stimulation favorise la vision mystique, les révélations, une créativité accrue, etc. L'activation de ces glandes se fait entre autres à travers la sexualité.

J'ai lu récemment un livre rassemblant les lettres d'amour de Chopin, ce compositeur de génie qui aurait sans doute, s'il l'avait voulu, pu devenir un saint. Dans ces lettres, il exprimait sa passion pour son amante mais remarquait aussi que, loin d'elle, il composait avec prolixité ; lorsqu'ils faisaient beaucoup l'amour, au contraire, sa créativité s'en trouvait nettement diminuée.

Sans en réaliser toutes les implications, nombre de gens ont fait cette constatation : l'orgasme éjaculatoire évacue une énergie vitale qu'il serait possible de conserver sans nécessairement s'abstenir de toute activité sexuelle. Ces gens ont compris qu'une utilisation consciente de la sexualité pouvait générer un foyer d'énergie. Ils ont appris qu'il était possible de transmuer les tensions quotidiennes en un combustible d'une puissance phénoménale. N'est-ce pas précisément une alchimie ?

Les ajustements psychologiques nécessaires pour entreprendre une pratique tantrique constituent une occasion idéale de travail sur soi. Tous vos problèmes sexuels mis sous le boisseau depuis des années vont commencer à faire surface. L'orgasme éjaculatoire met en mouvement des forces abyssales et primitives. Il est relativement facile de parvenir à la rétention physiologique de l'orgasme ; il est beaucoup plus difficile d'en gérer les effets émotionnels et psychologiques. La tâche est plus ardue pour les hommes. Les femmes ont davantage de facilité à re-sensibiliser leur corps. Les hommes, eux, pensent avoir besoin d'une éjaculation génitale pour se sentir vraiment mâles.

L'idée de l'orgasme total leur est, pour la plupart, totalement étrangère.

Vous devriez vous sentir bien avant l'amour, vous sentir encore mieux après, et non y entrer mal en point pour en émerger soulagé. C'est là toute la différence entre une sexualité régénératrice et une sexualité dégradante.

Cependant, une sexualité régénératrice n'a pas de valeur si tout ce que vous faites par ailleurs est dégradant. Vous pouvez saisir ce principe en l'appliquant au domaine alimentaire : les compléments diététiques, c'est merveilleux. Mais si vous buvez, fumez et absorbez des poisons ou des cochonneries à longueur de journée, vous ne pouvez vous attendre à ce que les compléments diététiques vous nettoient. Certains agissent ainsi avec la sexualité. Ils essaient de pratiquer le tantra tout en menant par ailleurs une existence dégradante. Rien de précieux ne pourra jamais en sortir.

La sexualité ne devrait pas être utilisée comme un moyen de pression ou de chantage. Voilà qui est grossièrement immature. La sexualité devrait prendre place dans le cadre d'une relation entre deux personnes en tant qu'expression de la plénitude de leurs deux vies fondues en Dieu. Elle ne saurait être une manière parmi d'autres de se passer la corde au cou. Si vous vous en servez ainsi, peut-être aurez-vous l'impression d'y « gagner » quelque chose ; mais ce ne sera jamais qu'une façon d'utiliser à des fins égoïstes et mesquines ce qui, pour l'homme comme pour la femme, devrait être une prière à la Déesse.

La vie en elle-même devrait être régénératrice. Vous devriez sans cesse chanter les louanges de Dieu, avec votre corps, vos émotions, vos énergies. Vous devriez chanter, jouir de la vie, être heureux les uns avec les autres, faire de l'exercice, manger correctement. C'est alors que la sexualité pourra être à la fois génératrice et régénératrice. La sexualité devrait toujours être affaire de plénitude entre deux personnes.

Dans la voie tantrique, pas question de se laisser aller. Il faut garder les yeux grands ouverts et faire très attention. Sous toutes ses formes variées, le tantra est essentiellement un chemin qui consiste à traverser les éléments de l'ombre plutôt qu'à tenter de leur échapper. On rencontre ses peurs, ses désirs, ses maladies, son avidité, sa possessivité et toutes ces qualités négatives inhérentes à la vie et que chacun possède à un certain degré. C'est en travaillant sur elles qu'on les transforme.

La passion, c'est merveilleux. Se tenir à l'écart des passions naturelles, ordinaires, c'est refuser d'être un homme ou une femme, refuser de comprendre la nature de notre incarnation sur cette terre. Toute tentative d'éviter les passions ordinaires procède aussi d'une réaction psychologique de terreur face à la vulnérabilité bien particulière qu'exige la sexualité. Il se peut qu'inconsciemment, on décide : « Oh, ça, c'est trop fort pour moi. Je ferais mieux de jouer au mystique pur et angélique et de vivre dans le célibat ! » La sexualité débouche sur une forme de vulnérabilité que l'on ne trouve nulle part ailleurs. Quel en serait le plus proche équivalent ? Sans doute l'intimité bien particulière qui se développe entre les survivants d'un accident d'avion ou de tout autre événement tragique et fracassant, cause de grandes souffrances endurées côte à côte. Cette vulnérabilité pour ainsi dire chimique, on ne la trouve même pas dans les amitiés les plus profondes. Le corps change littéralement lorsque l'on ressent pour d'autres une sympathie de cet ordre, et la plupart des gens ne peuvent tolérer un tel degré de vulnérabilité avec plus d'une seule personne, sous peine de se trouver intérieurement déchirés. Notre système n'est pas prévu pour. Bien sûr, il est possible de modifier l'installation, mais cela suppose de recevoir des directives que l'on ne trouve pas n'importe où et en tout cas pas dans les ateliers tantriques à la mode. C'est l'affaire de toute une vie d'apprentissage.

Les différentes écoles tantriques utilisent des éléments divers dans leur pratique : la sexualité, l'alcool, le tabac, ou d'autres choses. Mais toutes mettent l'accent sur la transformation des substances, autrement dit sur l'alchimie. L'ascension seule, la dissolution dans la lumière pour tenter d'éviter la traversée de l'ombre, n'est pas la voie du tantra.

L'auteur d'un classique sur le sujet dit qu'entrer dans la voie du tantra est plus dangereux que de dompter et de chevaucher le tigre. Il précise que l'on ne doit jamais commencer la moindre pratique tantrique sans être guidé par un maître. La raison en est qu'un maître observera votre pratique, y reconnaîtra des signes de maturité, des signes d'illusion, et vous renverra un écho. Ce que l'on ne dit pas, c'est qu'un maître exerce une influence divine dans la vie de son élève, dès lors qu'il y a entre eux une relation sincèrement dévotionnelle. L'influence divine est un indispensable ingrédient de transformation. Sans elle, aucune transformation ne prend place en profondeur. Sans doute les substances circulent-elles à l'intérieur, mais cela ne va pas plus loin. On ne parle jamais de l'influence divine pour ne pas donner l'impression qu'il suffit de s'en remettre à la grâce transmise par le maître. En vérité, le chemin est bien trop dangereux pour que cela suffise. Il faut vraiment garder les yeux grands ouverts. Toute pratique de techniques ésotériques élaborées ne devrait être utilisée qu'une fois les problèmes de base résolus. Si l'on a une personnalité à dominante négative, dépressive ou pessimiste, mieux vaut ne pas recourir au tantra sexuel. Si l'on passe son temps à protéger son territoire, si l'on est envieux, plein de peur et d'agressivité, il est absurde, ne serait-ce que d'envisager la pratique du tantra sexuel, car elle ne fera qu'irriter les tendances négatives déjà présentes et les amplifiera à la puissance cent.

Par contre, si, dans ses relations, quelqu'un est fondamentalement optimiste et capable de célébrer la vie ; s'il loue Dieu en compagnie des disciples, il est prêt à s'engager dans l'étude et la pratique du tantra. Cela aussi sera amplifié et « irrité ». L'irritation peut créer la perle dans l'huître ou aboutir à la destruction. Elle peut s'avérer positive ou négative. Si vous êtes empli de Dieu, l'irritation créée par le tantra sexuel libérera des énergies, une clarté, une intuition et des révélations inaccessibles par d'autres voies.

Il se peut qu'il faille vraiment des années pour que ces considérations tantriques deviennent partie intégrante de votre vie sexuelle. Mais cela vaut la peine de passer cinq ou dix ans à se battre et à essuyer des déceptions dans le cadre de la sexualité conventionnelle si c'est pour jouir ensuite de trente années ou davantage de parfaite communion sexuelle. Si vous désirez parvenir à des résultats à savoir la transmutation de l'énergie sexuelle, le passage de la passion ordinaire à une forme d'énergie supérieure, il vous faudra travailler et faire preuve de discipline.

Mon enseignement recommande la monogamie, car je crois que l'amour se développe dans un espace d'intimité et d'union. Nombre de maîtres sont enclins à séparer les gens. Ils n'encouragent pas les relations stables de peur qu'elles ne deviennent un obstacle à la voie, qu'elles ne prennent le pas sur la relation avec le divin. Mon approche est exactement contraire. Je suis très favorable aux relations longues et durables. Parfois, cela ne va pas sans créer des difficultés : il y a la « crise des sept ans » ou la « crise des quatorze ans ». Entre quarante et soixante ans, les hommes ont des démangeaisons car ils se sentent menacés...

Il se développe entre deux personnes vivant ensemble et partageant l'intimité durant une longue période et, passé sept ans, on peut vraiment commencer à parler de « longue période », quelque chose qui ne se développe tout simplement pas en d'autres circonstances. On ne peut mettre fin à une relation de longue date pour s'investir dans une nouvelle histoire, sans doute excitante, passionnée et forte, en espérant immédiatement y trouver la qualité présente dans l'ancienne relation. C'est impossible. Cela prendra au moins sept ans. Bien sûr, vos organes génitaux n'en veulent rien savoir ; mais grâce à Dieu, vous ne vous réduisez pas à vos organes génitaux !

Donc, en ce qui me concerne, je me donnerais beaucoup de mal pour préserver une relation à l'intérieur de laquelle cette qualité s'est développée. Il n'en reste pas moins que rien n'est indestructible : il se peut que la relation finisse. Je crois cependant que nous devons apprendre à faire certains sacrifices. Un maître soufi indien, Bhai Sahib, a dit un jour à son élève Irina Tweedie, qu'il était nécessaire de *construire* l'amour, et que l'amour une fois construit, il fallait le maintenir et le garder vivant. Dans notre communauté, nous nous vouons beaucoup à cette tâche, particulièrement dans les premières années : nous travaillons à construire l'amour, entre les couples et à l'intérieur de la famille. Même avec les enfants, il faut construire l'amour. Ce n'est pas parce que vous avez donné naissance à un petit être qui vous ressemble et a hérité de vos attitudes que vous allez nécessairement l'aimer. Il importe de bâtir l'amour, de le préserver, et ce n'est pas facile. En fait, cette aptitude est unique dans l'univers. Et néanmoins, il faut construire et préserver l'amour, quoi qu'il vous en coûte. Peu importe le prix. Si cela vous coûte votre santé ou votre tranquillité intérieure, qu'importe. L'enjeu est si capital qu'aucun prix ne sera trop élevé.

Il importe aussi de distinguer la fausse monogamie de la vraie monogamie : dans la fausse monogamie, on se limite à une personne parce qu'on a besoin de se blottir à l'intérieur d'une petite bulle : « nous deux contre le reste du monde. » Par exemple, dans ce genre de relation, l'homme rentre du boulot et sa femme lui demande : « alors, chéri, tu as eu ton augmentation ? » Et il répond, « et non, bon dieu de merde ! Ils ont promu quelqu'un d'autre ! » Et elle s'écrie : « Quoi ? quoi ? Tu as vu comment ils te traitent ? Tu devrais chercher un autre boulot. Ton patron ne te reconnaît pas à ta juste valeur ». Ils se renvoient la balle et créent cette petite bulle qui les protège de l'extérieur.

Dans la véritable monogamie, l'homme ou la femme ne ressentent pas la moindre envie de flirter, de jouer des jeux de séduction ou de chasse amoureuse avec d'autres gens. Dans un couple vraiment monogame, chacun peut être très ami avec d'autres femmes ou d'autres hommes sans que cela nuise à la relation fondamentale. Voilà le scénario idéal. Quand, chez un homme, « l'instinct du chasseur » ne se porte plus sur les femmes mais sur son travail, sa créativité, son art, sa passion pour sa femme et ses enfants, et quand la femme est nourricière pour sa famille, son homme, sa maison, son environnement, sa communauté, sa forme d'expression artistique, quelle qu'elle soit.... alors, l'homme et la femme possèdent le monde entier.

J'ai remarqué que l'homme et la femme se livrent à un jeu des plus intéressants. Quand ils sont séparés, ils sont très conscients des énergies à l'oeuvre entre eux. Séparés, ils peuvent facilement se sentir profondément intègres, responsables et clairs l'un vis-à-vis de l'autre. Ils peuvent avoir la ferme intention d'être ensemble dans un climat de service, de compassion, de générosité et de douceur.

Tant qu'ils ne se trouvent pas confrontés aux stimulations de surface sur le plan des cinq sens, il leur est toujours beaucoup plus facile de « voir » la pure essence de l'autre ou de le saisir intellectuellement dans son parfait archétype d'homme ou de femme. On peut donc dire qu'en général, les hommes et les femmes ont l'intention d'entrer en contact l'un avec l'autre à partir de l'énergie fondamentale que chacun représente ; et cependant, dès qu'ils sont ensemble, l'ego se sert de la dynamique physique pour créer un contexte totalement égoïste, centré sur le moi plutôt que sur la relation. Voulez-vous un exemple ?

O. K. Mettons que l'homme rentre le soir à la maison. Dôté d'un sens de l'humour aussi particulier que terrible, il dit à sa femme, qui a passé des heures à préparer un extraordinaire repas : « ah, chérie, qu'est-ce que c'est que cette odeur ? » Puis il regarde le rôti dans le four et s'exclame : « oh, non, ce n'est tout de même pas le chien ! Mon Dieu, moi qui commençais tout juste à l'aimer, ce sale cabot... » Habituée à son humour, la femme en est un peu contrariée mais répond : « ah ah, comme c'est drôle. Bon, maintenant, lave-toi les mains, on passe à table. » Il acquiesce sans réfléchir, s'en va tout heureux dans la salle de bains pour se laver les mains ou, plus probablement, pour s'admirer dans la glace.

Mettons que quelques minutes plus tard il vienne s'asseoir à table. Sa femme lui dit : « non, je veux que tu te mettes là ». Il obéit et s'assied à la place indiquée mais il commence aussi à se sentir vaguement contrarié. « Après tout, pense-t-il, l'homme est roi chez lui. Et le roi doit pouvoir s'asseoir où il veut, bordel ! »

Finalement elle amène le dîner et voilà qu'elle se pavane et minaude autour de lui comme le font les femmes en chantonnant et en se montrant aux petits soins. Rien n'irrite plus un homme qu'une femme essayant de prendre soin de lui comme s'il avait deux ans. Donc, comme vous vous en doutez, à la fin du repas, il y a entre eux tout un contentieux. Tous deux sont contrariés, même s'ils restent à peu près polis. La tension monte.

Séparés, ils avaient la ferme intention d'être différents l'un avec l'autre. Mais une fois ensemble, c'est comme si l'on pressait un bouton : les mécanismes psychologiques habituels et non mis à jour prennent le pas sur les meilleures intentions du monde. Un homme peut très bien savoir ce que désire une femme, comment elle veut être traitée, connaître les besoins de la « femme essentielle », et vice-versa. Le dilemme consiste à résoudre le conflit entre ce que l'on ressent dans ses moments de calme, de lucidité, et l'incroyable puissance de l'ego qui s'y entend à instantanément nous aveugler et à nous faire adopter ses voies perverses. Et quand je dis « perverses », peut-être ce mot n'est-il pas assez fort. Le seul but de l'ego est d'assurer sa propre survie et il est prêt à tout détruire sur son chemin. Tout, y compris le corps, ainsi qu'en témoignent nombre d'exemples de suicides très prévisibles d'un point de vue psychologique.

Alors que faire ?

Trois choses sont particulièrement utiles pour travailler sur cette dichotomie, ce dilemme : la compréhension, l'intention ou la ferme résolution et la volonté de payer le prix.

La première chose sur laquelle il nous faut travailler n'est autre que la claire et précise compréhension des mécanismes de l'habitude : comment le sexe cesse-t-il d'être un élément de contentement dans la relation pour devenir un puissant outil de manipulation, de soi-même et des autres ? Ce travail doit aussi prendre en compte le fait que l'on ne change pas du jour au lendemain et que le progrès, si progrès il y a, se produit à l'intérieur même des circonstances dans lesquelles on se trouve plongé, et non ailleurs.

En deuxième lieu, pour travailler sur ce dilemme de la relation homme-femme, il faut accepter le fait que la résolution viendra avec la pratique, l'expérience, l'observation de soi et l'intention de changer. Cela ne viendra pas simplement en souhaitant que les choses soient autrement ou en rêvant d'une ascèse extrême de type « quitte ou double ».

En troisième lieu, il faut être prêt à s'investir dans le travail avec beaucoup d'attention et de discipline, autrement dit être prêt à payer tout le prix pour résoudre ce dilemme. Si, chaque fois que vous vous sentez un peu excité, vous allez coucher avec quelqu'un, jamais vous ne vous confronterez au problème de la relation. Jamais vous n'approcherez la vraie masculinité ou la vraie féminité. Jamais vous n'intégrerez la vitalité de votre animus/anima. Et l'on ne peut se plier à cette sorte de discipline que dans le cadre d'une relation à long terme impliquant un engagement mutuel.

Lorsque les gens se relient les uns aux autres et parviennent à un certain niveau de communion, c'est comme s'ils étaient magnifiquement attachés, pris dans un piège exquis et romantique. Plus les gens vivent ensemble en communauté, plus l'on vit en couple, plus l'on devient relié, et plus cela nous ramène à l'essentiel.

C'est une expérience extrêmement sobre et profonde que de se réveiller un matin aux côtés de votre femme ou de votre mari endormi, de le ou la regarder et de véritablement ressentir l'intensité de ce qui vous unit ainsi que la nature de ce lien. Semblable réalisation ouvre le coeur, elle participe du réel. Il faut y faire face de tout son être.

Notre culture ne nous propose que des modèles de gens divorcés ou de parents élevant seul leur enfant. Nous avons besoin de pouvoir nous référer à des couples heureux, consacrés, alchimiquement transformés ou à des communautés vraiment vivantes. Il arrive souvent que des gens amorcent une relation, se disent « amoureux l'un de l'autre » et prétendent que c'est « pour toujours » ; en même temps, quelque chose en eux pense : « bon, si ça ne marche pas, tant pis ».

Si vous comprenez, pratiquez et devenez un apprenti sur cette voie, vous parviendrez à un point où il ne vous sera plus possible de faire marche arrière. Vous ne pourrez plus revenir à l'existence ordinaire. Beaucoup d'entre vous sont liés à la voie d'une manière irrévocable. Libre à vous de vous cogner la tête contre les murs, d'essayer désespérément de vous satisfaire comme autrefois à travers la sexualité conventionnelle, la télé, la bouffe et toutes autres drogues ou habitudes dans lesquelles vous pourrez vous complaire ; vous n'y arriverez pas. Alors pourquoi lutter ?

Ne soyez pas frustrés. Abandonnez-vous, tout simplement. Cette voie vous réserve des joies plus profondes que l'addiction à la nourriture et autres « plaisirs ». Avant tout, il s'agit d'être un *apprenti*. Si vous lisez des livres sur l'apprentissage, sur l'alchimie, vous verrez qu'aucun apprenti ne peut jamais revenir en arrière. Mais cela, l'apprenti ne le sait qu'après avoir tenté, sans succès, de revenir sur ses pas. Lorsqu'il se rend compte qu'il ne peut faire machine arrière, il est déjà trop tard.

Les résultats de ce processus d'apprentissage sont tout bonnement inestimables. Si, au terme d'une vie, vous êtes en droit de dire que vous avez peint un vrai tableau, écrit un vrai poème, vraiment élevé un enfant, que vous avez été un véritable ami ou un véritable amant ne serait-ce que pour une seule personne, il s'agit là d'un accomplissement sans prix. Cela vaut tous les sacrifices : celui de votre beauté, de votre argent, de votre sécurité... Cela vaut que vous donniez tout.

Certains d'entre vous le savent, et c'est pourquoi ils sont là ; d'autres n'en sont pas encore tout-à-fait sûrs. Mais tel est bien le but du travail spirituel que nous accomplissons ensemble. Si nous suivons cette voie, c'est pour devenir des êtres humains.

Le tantra naturel, c'est l'innocence organique

Si vous pratiquez le tantra, il faut que ce soit un tantra spontané et naturel ; et si vous aimez quelqu'un profondément, vous pratiquerez le tantra. Si vous n'êtes pas égoïste ; si vous ne cherchez pas d'abord votre propre plaisir, même inconsciemment ; alors, vous en viendrez naturellement à découvrir le tantra, avec votre amant ou amante comme avec vos amis puisque le tantra ne se limite pas à la sexualité.

Cela prend du temps. Il faut dépasser beaucoup de blocages ordinaires, comme vous le savez fort bien. Mais une fois que vous aurez surmonté ces limites, vous découvrirez le tantra.

Dans cette voie « bâul », nous ne cherchons pas, comme dans le tantra tibétain, à développer le « témoin », en d'autres termes à entraîner une part de l'esprit à demeurer absolument objective et complètement détachée. C'est trop technique pour nous, trop détaché, trop « cool ». Notre voie consiste à se détendre jusqu'à basculer dans l'innocence organique et non à parvenir au contrôle parfait à force de technique.

Beaucoup de gens commencent à aimer quelqu'un et sentent peu à peu qu'ils perdent le contrôle. Ils se trouvent dans une situation où l'autre personne devient en quelque sorte leur « maître », et cela les terrifie. Ils voient que l'autre est, comme nous tous, égocentrique et névrosé, et ils se disent qu'il va abuser d'eux ou les prendre pour acquis. Aussi mettent-ils fin à la relation. Ils décident que ça n'en vaut pas la peine.

Ce que je vous dis moi, c'est que *l'amour transforme,* et cela quelle que soit la personnalité de l'autre. Si vous tombez amoureux et ne vous engagez pas sous prétexte que ce sera mauvais pour votre travail spirituel, il se pourrait fort que vous passiez à côté de quelque chose de très important. Si j'ai un conseil à vous donner, c'est de vous investir complètement. Lorsque vous vous abandonnez vraiment dans l'amour, n'ayez aucune crainte de compromettre votre voie spirituelle. Abandonnez-vous et donnez-vous le temps. Ne soyez pas trop pressé : « d'accord, je vais m'abandonner, mais... si mon partenaire ne change pas en deux mois, fini ! » Souvenez-vous de ce que j'ai dit à propos de la nécessité des engagements à long terme. Investissez-vous sans retenue, oubliez-vous, et vous vous transformerez, tout en transformant l'autre.

*
* *

Quand vous faites l'amour, faites l'amour. Ne vous préoccupez pas d'interpréter tout ce qui se passe, chaque son, chaque mouvement. Laissez votre corps faire ce qui lui plaît. N'interprétez pas, ne fantasmez pas, ne critiquez ni ne condamnez, ne vous sentez pas coupable et ne vous demandez pas à quoi ça rime, bref, ne faites pas tout ce que vous avez tellement tendance à faire lorsque vous avez des relations sexuelles. Si vous êtes en train de voir, vous n'avez pas idée de faire tout ça. Si vous voyez, vous voyez, point final. Vous n'avez pas le temps de vous sentir coupable sous prétexte que vous voyez. Si vous faites l'amour complètement, sans rien enlever ni rajouter, vous verrez que vous allez littéralement transcender la sexualité.

La relation sexuelle n'a pas à être interrompue. Il ne s'agit pas de transcender la relation mais de transcender les habitudes mentales qui d'ordinaire vous poussent à avoir des relations sexuelles. Il faut que le sexe devienne l'amour puis que l'amour lui-même soit transcendé.

Qu'est-ce qui transcende l'amour ? Dieu. Le sexe doit devenir l'amour, mais pour qu'il y ait amour, il convient d'être deux : l'amant et la bien-aimée. Donc, il faut aussi transcender cette dualité. Il va vous falloir perdre « celui qui est en train d'aimer ». Il vous faut perdre la trace de « celui qui est amoureux ». Donc, même le sexe transformé en amour, qui est une belle chose, doit être transformé. Il faut que l'amant se perde. Vous qui êtes l'amant devez vous perdre. Il vous faut transcender l'amour et devenir la nature même de la création, cela que nous nommons Dieu. Vous devez tout simplement être ce qui se déploie sous la forme du grand processus de l'évolution divine. Et si ce qui se déploie à ce moment-là se trouve être une relation sexuelle, parfait. Soyez cela, tout simplement. Ce n'est pas la forme qui doit être transcendée, mais l'illusion de la quête, autrement dit la névrose de l'absorption génitale et de l'exclusivité.

A PROPOS DE L'AMOUR, ENFIN !

« L'amour »... En général, je n'ai pas de termes assez durs pour tourner ce mot en dérision. Malgré tout, il refait sans cesse surface. J'ai souvent essayé de le remplacer par des synonymes raffinés, mais aucun équivalent ne me satisfait complètement ni « vie », ni « réalité », ni « vérité », ni « souffrance ».

Je suis très réticent à employer le mot « amour », d'une part à cause des mécanismes psychologiques qui lui sont associés, d'autre part du fait qu'il est si facile de le comprendre de travers.

Voyez comme l'expression « je t'aime » est employée partout dans le monde et interrogez-vous : « quel respect véritable y a-t-il dans toutes les relations où l'on emploie cette expression ? « Je ne pense pas seulement aux relations amoureuses mais aussi aux rapports parents-enfants. Combien de parents ne disent-ils pas « je t'aime » à leurs enfants sans pour autant leur témoigner un respect authentique ? Vous connaissez certainement des parents divorcés qui ont abandonné leurs enfants dès qu'une jolie personne du sexe opposé est arrivée dans leur vie. Ils justifient cet acte à leurs propres yeux en se disant : « je me rattraperai plus tard auprès des enfants. Il faut que je saute sur cette occasion ». Si la personne avec qui vous sortez est prête à vous laissez faire une chose pareille, je ne crois pas qu'elle soit une si belle « occasion ». Dans toute relation, il n'y a pas d'amour s'il n'y a pas de respect.

On dit qu'il faut être très fort pour se sacrifier en de telles circonstances. En fait, plus qu'une affaire de discipline, c'est une question d'intégrité, autrement dit de dignité et de respect. Aucune discipline, si remarquable soit-elle, ne tiendra jamais lieu de dignité et de respect. Et sans respect, sans dignité, il n'y a pas d'amour.

Si j'éprouve des réticences à employer ce mot qui commence par un « a », c'est aussi parce qu'il est dégoulinant de sensiblerie du style : « ah, comme je sens mon coeur fondre, comme j'ai les yeux humides quand je regarde ma femme ou mon enfant ! » Tant que vous êtes encore séparé de Dieu, toutes vos humeurs que vous prenez pour de « l'amour » ne sont en fait rien, de la merde !

C'est très à la mode d'aborder l'amour comme s'il s'agissait d'un bien de consommation. « Bon, je vais volontairement rester séparée de Dieu car après tout, j'ai des rêves, des aspirations, il y a des choses que j'ai envie de faire dans la vie. J'ai besoin d'être libre, créative, de danser, de chanter, de coudre, de faire des enfants et de prendre soin de mon homme »... et autres excuses débiles ! « Et ensuite, je ne serai plus qu'amour »...

Non. Peut-être serez-vous un peu plus droite et juste, d'un point de vue conventionnel, que la plupart, mais l'amour ne saurait exister tant que l'on demeure séparé de Dieu. Tant que votre « je » fonctionne, tant que c'est « vous » qui désirez l'amour et « vous » qui en donnez, ce n'est pas de l'amour. De l'affection, peut-être, de l'attention, de la considération, de la compréhension, de la sympathie... mais pas de l'amour. Certainement pas de l'amour.

Peu importe que vous vous sentiez exaltée lorsque votre homme, « le seul, l'unique », vous apporte une rose. Ce n'est pas de l'amour, mais de l'exaltation. C'est simple : l'amour ne peut exister tant que vous demeurez séparé de Dieu.

Le problème, c'est que nous tenons à demeurer coupés. Nous pensons à tort que l'ego va conserver son autonomie et que si nous sommes gentils, nous recevrons l'amour comme ultime récompense. Désolé, mais cela ne se passe pas ainsi. Ce n'est pas en étant gentil qu'on parvient à l'amour, mais en disparaissant, en se dissolvant. Tant que « vous » existez, l'amour n'existe pas. Sitôt que « vous » aurez cessé d'exister, l'amour existera immédiatement. Mais tant que « vous » existez... pas d'amour, pas même un tout petit peu.

On ne goûte pas à l'amour durant sa vie pour ensuite, quand on abandonne le corps et meurt, accéder au festin sous prétexte que l'on n'a plus à se soucier des désirs, de l'avidité, de la concupiscence. Ce n'est pas ainsi que ça marche. Vraiment, c'est une équation parfaite :

non-moi = amour ; moi = non-amour.

Et il n'y a pas de degrés. La première chose qu'il convient de faire, c'est d'abandonner tous nos petits « je » : en effet, nous ne pourrons connaître notre vrai « Je » tant qu'une guerre fera rage en nous.

Il faut d'abord amener tous nos petits « je » en une sorte de centre afin qu'ils se coordonnent et ne se mettent plus des bâtons dans les roues. C'est ce qu'accomplit la pratique spirituelle. La méditation, l'exercice, l'étude, le régime, etc., y contribuent grandement. Ensuite, quand vous en serez arrivé à ce stade, peut-être vous sentirez-vous assez remarquable. « Oh, comme je suis avancé, comme je suis détaché », et il se pourrait même que vous connaissiez des révélations. Faites attention, il vous faudra aussi renoncer à ça ! Finalement, il vous faut traverser le monde tout nu, libéré de ce « je » qui vous défend, vous protège et vous répète que vous avez toujours raison.

Tant que vous tentez de mettre en scène et de glorifier votre « je », jamais vous ne réaliserez Dieu. Vous n'avez pas le choix. Pas la peine de prier !

Si vous commencez à vous sentir disposé à y renoncer, tout ira très vite. En fait, cela vous donnera des ailes sur la voie. La crucifixion sera dure mais rapide. Il y en a tant parmi vous qui sont suspendus en croix depuis des années... c'est vraiment votre faute. Vous ne pouvez vous en prendre à personne sinon à votre refus obstiné de renoncer à votre « je ». Et ce n'est pas juste de dire : « je ne peux pas... » Si, vous pouvez. Mais vous êtes têtu. Tout le monde est têtu. Là est la question.

La vie est si simple. Vraiment, il n'y a que deux choses : le « je » et la transcendance du « je ». Moi, non-moi. Amour, non-amour. Et pourtant, nous nous agitons, et, dans notre misère, fabriquons toutes sortes de problèmes intermédiaires : « y a-t-il une vie après la mort ? Quand l'âme entre-t-elle dans le corps ? L'avortement est-il moral ? Et les hommes, les femmes, le couple, la vie, la mort, la sexualité, l'infini ? Combien de temps le feuilleton « General Hospital » va-t-il encore durer ? Comment se fait-il que les infirmières de cette série télévisée ne vieillissent jamais ? » Hey, et si c'était la réponse ? Peut-être devrions-nous devenir des héros de feuilleton... Nous serions préservés du vieillissement, nous ne changerions pas, et nous aurions une vie super, pleine de relations intenses, avec beaucoup de baise, de belles fringues... Enfin, peut-être... Qu'en pensez-vous ?

VII

DESIR ET DEVOTION

Je voudrais vous raconter une histoire, l'histoire traditionnelle de Rûmî, qui a été à l'origine des derviches tourneurs et a fondé l'ordre des derviches mevlevîs. Rûmî est également célèbre pour avoir écrit des volumes de poésie dans lesquels il s'adresse à Dieu par l'entremise de son maître qui s'appelait Shams E Tabriz. On dit qu'il a écrit plus de 30 000 vers. Le trait le plus frappant de toute sa poésie est l'expression de son désir de celui qu'il nomme « le Bien-aimé » et dont il se languit.

Se languir, c'est ressentir que l'on peut saisir l'insaisissable. Etant donné ce que nous sommes, nous autres membres de la race humaine, la transformation intérieure est un processus hautement improbable, pour ne pas dire impossible. Pourtant, les vies de nombre de grands mystiques de toutes traditions démontrent que, quoiqu'impossible, ce processus n'en a pas moins pris place. Voilà un koan intéressant ! Là réside la source d'une grande part de la poésie mystique de tous les temps : dans cette aspiration à l'impossible perçu, non comme une réalité, mais comme une possibilité. C'est ce que l'on trouve dans la littérature soufie, hindoue, dans la poésie mystique de Saint-Jean de la Croix...

Revenons donc à notre histoire : Rûmî était un théologien très connu en Perse, pays que nous appelons aujourd'hui l'Iran. C'était un grand savant qui jouissait d'une vaste audience. En fait, il passait pour l'un des plus grands penseurs islamiques de son temps. Cependant, en dépit de son grand succès, il commençait à éprouver une insatisfaction grandissante. Il avait lu toute la poésie mystique et n'en avait qu'une connaissance sèche, purement intellectuelle. Comme beaucoup, il en connaissait le sens d'un point de vue technique, mais s'interrogeait en profondeur : se pouvait-il que son assurance affichée ne soit qu'un masque et qu'il soit passé à côté de l'essentiel ? Au fur et à mesure que son insatisfaction grandissait, il devenait de plus en plus tendu et irritable. Il était « à point », comme on dit...

Ce fut juste à ce moment-là qu'arriva en ville un derviche errant du nom de Shams E Tabriz, ce qui signifie Ami de Dieu. Lorsque Rûmî et son groupe d'élèves le virent pour la première fois tandis qu'ils marchaient de par les rues tout en poursuivant quelque savante conversation, il était vêtu de haillons, sale et ébouriffé. « Encore un mendiant répugnant » se dit Rûmî qui, histoire de montrer qu'il pouvait généreusement dispenser sa grande bénédiction, fouilla dans sa poche, en sortit une pièce et la jeta à terre afin que Shams la ramasse.

Puis il ordonna au mendiant de s'écarter pour lui céder le passage. Shams éclata de rire mais s'exécuta, si bien que Rûmî et ses élèves passèrent leur chemin.

Il ne s'était agi que d'une brève rencontre, mais quelque chose en Rûmî avait été touché. En dépit de toute sa culture, le savant était hanté par le souvenir du regard de ce gueux. Il ne parvenait pas à chasser cet homme de son esprit et en devint de plus en plus contrarié. Cette image commençait à empiéter sur sa lucidité et à l'empêcher d'être ce qu'il avait toujours été. La situation empira, au point que Rûmî eut du mal à trouver le sommeil et ressentit le désir de courir les rues pour retrouver cet homme. Il ne connaissait pas même le nom du mendiant, et comme la ville était perpétuellement remplie de semblables vagabonds, Rûmî se persuada qu'il serait stupide de partir à sa recherche et que cela le ridiculiserait. Il poursuivit donc son travail mais devint de plus en plus anxieux et impatient avec ses élèves. Quand, le lendemain, la vision de Shams s'imposa avec une force accrue, Rûmî ne put en supporter davantage et sortit dans les rues.

Là, il prit peur. Il eut peur d'être en train de devenir fou. Jamais son esprit ne lui avait posé un tel problème ; et cependant, jamais il ne s'était senti à ce point extatique, comme s'il était d'un instant à l'autre en passe de découvrir le plus grand des secrets, le plus précieux des trésors.

Soudain, comme jailli de nulle part, Shams surgit en face de lui et le regarda droit dans les yeux. Immédiatement, Rûmî tomba à terre en pleurant, ravi en extase. Lorsqu'il finit par regagner sa conscience ordinaire, il lui apparut que c'était précisément là ce qu'il avait lu dans la littérature mystique. C'était ce qu'il avait attendu toute sa vie sans jamais encore en avoir eu l'expérience.

Comprenant que c'était la chance de sa vie, Rûmî quitta tout pour suivre Shams. Il dit à ses élèves qu'il prenait une année sabbatique et commença à négliger ses responsabilités et son travail habituel. Ses étudiants en furent très contrariés. « Cela fait des années que je vous dispense un enseignement, leur dit-il, mais je ne savais pas de quoi je parlais. Je n'avais qu'une connaissance livresque, mais maintenant mon maître est arrivé, alors... allez tous vous faire voir ! » Rûmî était devenu si amoureux de ce derviche errant que sa vie entière commença à tomber en ruines. Il ne faisait plus qu'écrire de la poésie pour Shams.

Comme vous pouvez vous en douter, les élèves de Rûmî ne goûtaient pas du tout cette situation. Ils pensaient que Shams avait hypnotisé leur maître, que c'était un magicien ou un diable qu'il fallait détruire. Et ils projetèrent de le faire disparaître. Ils le menacèrent, lui offrirent de l'argent pour qu'il s'en aille, mais Shams se contenta de leur rire au nez.

Une nuit, comme le veut la légende, les élèves de Rûmî invitèrent Shams sur le toit d'une de leurs maisons, sous prétexte de le consulter à propos d'un problème. Lorsque Shams arriva, ils le poignardèrent.

Rûmî apprit ce qui s'était passé. Son maître n'était plus. Confronté à la perspective de vivre le restant de son existence sans son maître bien-aimé, il sombra dans la folie. Son désir si ardent ne lui coûta pas moins que la désintégration de toutes ses illusions. Cette folie se transforma en une vie de dévotion, dont l'une des manifestations fut la danse des derviches tourneurs.

On se réfère souvent à l'intensité du désir éprouvé par Rûmî dans sa relation avec Shams pour décrire la plus radicale des relations à Dieu.

*

* *

Quand Rûmî fut prêt, Shams survint dans sa vie. Lorsqu'un élève se languit vraiment, rien au monde ne saurait empêcher le maître de répondre à son désir, car l'aspiration véritable génère une réciprocité. Le désir de l'élève devient pour le maître une nourriture très fine et très nécessaire.

Bien entendu, les formes dégénérées de ce désir, telles que la fausse sainteté ou l'idolâtrie, doivent être éliminées pour que la véritable aspiration se manifeste dans sa qualité essentielle. Il est si facile de surévaluer ses désirs et ainsi de les confondre avec la véritable aspiration. Si vous aspirez à posséder une voiture ou un appartement au-dessus de vos moyens, vous admettrez aisément qu'il ne s'agit pas là d'une aspiration profonde. Par contre, si vous prétendez aspirer à trouver

Dieu, il est si facile de vous bercer d'illusions. Les gens s'y entendent à fantasmer autour de cette idée. Ils y ont facilement recours pour éviter de se confronter à la réalité brute. Mais si vous êtes la proie d'une réelle aspiration, vous ne vous dérobez en rien à l'existence. Certains des plus grands maîtres soufis qui ont écrit à propos de ce désir fondamental étaient des gens extrêmement pratiques. Ils avaient des familles, un travail, ils se montraient responsables. Ils assumaient la réalité, étaient charitables, doux et honnêtes.

D'un autre côté, les soufis parlent aussi d'un endroit appelé la Taverne de Ruine. C'est un endroit pour les gens dont l'aspiration est si forte qu'elle a commencé à les faire tomber en ruines, à littéralement les détruire, de même que Rûmî fut détruit par son désir de Shams. Ordinairement, nous pratiquons, gagnons en maturité, nous affermissons notre expérience, vivons moins dans la confusion... et tout ça se produit progressivement. Mais ensuite il y a une sorte de « point de non-retour » où l'on bascule dans le coeur de Dieu de telle manière que l'on se trouve soudain coupé de toutes nos distractions, de tous les fantasmes que l'on pouvait entretenir à propos de la vie, de la réalité, de l'illusion... C'est comme si l'on était à jamais coupé de l'ego. A partir de là, l'ego ne peut plus être autonome ou indépendant. A ce niveau, seul compte le Divin, et rien d'autre. La voie elle-même vous libère de tous vos liens, à ce stade. Elle n'exige plus de vous les mêmes choses. Vous vous voyez tout simplement attribuer une nouvelle tâche.

Il y a dans le Nouveau Testament une histoire à propos de Jésus qui illustre ce que je suis en train de dire. Jésus se rend à Béthanie pour séjourner chez ses amis Lazare, Marthe et Marie. Lazare l'accueille et le fait entrer dans la maison. Quand Jésus s'assied, Marie prend place à ses pieds et commence à pleurer. Ses larmes sont si abondantes qu'elle en lave les pieds de Jésus. Pendant ce temps, sa soeur Marthe s'active : elle fait du pain, prépare le repas. Elle s'agite dans tous les sens pour veiller à ce que tout soit fait en cette importante occasion et commence à en vouloir à Marie de ne pas lui donner un coup de main. Donc, Marthe aboie en direction de sa soeur et de Jésus : « allez, bouge-toi un peu le cul et vient m'aider à tout préparer. » Mais Jésus la rembarre. Il lui dit : « tu fais ton boulot, elle fait le sien, et elle m'aime vraiment. Ce que tu fais est juste, mais c'est elle qui est vraiment au coeur de la dévotion. » Je paraphrase, le Nouveau Testament ne s'exprime pas ainsi.

La dévotion envers le maître, c'est la dévotion envers Dieu. Les gens disent souvent qu'ils ressentent de la dévotion envers Dieu mais refusent toute forme de dévotion envers un maître. Ils prétendent que cela les écarterait de l'essentiel. En fait, entretenir une relation dévotionnelle avec le divin suppose une extrême vulnérabilité. C'est très inconfortable, à moins que l'on n'y soit particulièrement disposé de naissance. Ce n'était certes pas mon cas. J'avais plutôt tendance à être extrêmement froid. Quand j'étais petit, mes tantes, oncles, cousins et cousines venaient nous voir et voulaient toujours m'embrasser, me prendre dans leurs bras. Je les repoussais. Tout le monde pensait que, de tous les enfants de la famille, j'étais celui dont le coeur était le plus froid. Si je n'avais pas suivi cette voie, sans doute aurais-je traversé mon existence sans exprimer ni épanouir toute une dimension de mon être, celle du coeur.

Au fur et à mesure que l'organisme mûrit, on ressent le besoin de manifester une forme ou une autre de dévotion. Néanmoins, si la plupart des gens éprouvent cet appel, ils y répondent en versant dans la sensiblerie et le romantisme creux. Ils ont les yeux humides et soupirent à la vue des amoureux marchant main dans la main. « Ah, comme c'est beau ! » Mais ce n'est pas là la véritable réponse à l'appel de la dévotion. La nature du coeur n'est pas de simplement ressentir l'émotion mais d'être sensible à l'adoration, à la majesté, à la splendeur, à la beauté, à la fidélité.

Gurdjieff était un mystique russe qui avait beaucoup d'élèves, notamment en Europe et en Amérique. Il mentionna très précisément que toute personne qui exprimerait une forme extérieure d'émotion à son enterrement montrerait par là-même qu'elle n'avait rien compris à son enseignement. De fait, les élèves de Gurdjieff ne le virent qu'une seule fois manifester une émotion. Cette histoire est remarquable : Gurdjieff avait désigné certains élèves pour qu'ils enseignent et représentent la voie. Comme aucun de ces élèves n'était encore pleinement accompli, il fut bien entendu que lorsqu'ils auraient besoin d'aide ou d'un coup de pouce sur leur propre chemin, ils reviendraient auprès de Gurdjieff. Parfois, Gurdjieff lui-même viendrait à eux. De toute façon, il était clair qu'ils entretiendraient toujours avec Gurdjieff une relation d'élève à maître et que ce rapport continuerait à mûrir et à s'approfondir.

L'un de ces élus, un homme nommé Orage, fut envoyé en Amérique où il attira de nombreux élèves. Il avait beaucoup de charme et de force. Le problème, c'était que si les élèves d'Orage l'admiraient, la plupart d'entre eux savaient à peine qui était Gurdjieff. Orage collecta donc des fonds et fit le nécessaire pour que Gurdjieff vienne lui rendre visite et travaille avec son groupe d'élèves. Le maître donna son accord.

A son arrivée, on amena Gurdjieff à une réunion des élèves d'Orage. Balayant l'assemblée du regard, Gurdjieff commença à parler, pour dire qu'il était clair que tout ce qu'Orage leur avait enseigné était faux. Il voyait bien, dit-il, qu'ils étaient tous égarés et que tout le travail accompli l'avait été en pure perte.

En tant qu'instructeur, Gurdjieff employait des méthodes très dures. Il se montrait extrêmement rude envers ses propres élèves et les plongeait souvent dans des situations qui s'avéraient non seulement choquantes mais leur était source de très vives tensions émotionnelles et physiques. C'était un vrai tyran. Cette fois-là, il traita Orage de faux maître, dit aux nouveaux élèves que leur instructeur était un charlatan qui avait abusé de la responsabilité qui lui avait été confiée. Puis Gurdjieff dit au groupe que le maître, c'était lui, qu'il était le maître d'Orage et savait ce qu'était l'enseignement alors qu'Orage en ignorait tout. Il poursuivit en affirmant que quiconque voulait suivre la voie devait devenir son disciple direct et signer une déclaration stipulant qu'ils cesserait toute forme de relation avec Orage, ne le verrait plus, ne lui parlerait plus, ne lirait plus aucun de ses écrits... Terminé !

Gurdjieff demanda aux gens de lui amener leur déclaration signée à son appartement dans l'après-midi du lendemain. Il précisa que quiconque omettait de le faire n'aurait plus aucune chance eu égard à la voie.

Comme vous pouvez vous en doutez, ces propos semèrent le plus grand trouble au sein du groupe. Quelques personnes conscientes de la prééminence de Gurdjieff décidèrent immédiatement de signer. D'autres se précipitèrent vers Orage et lui demandèrent : « que devons-nous faire ? C'est vous l'instructeur, dites-nous si nous devons signer ou pas ». D'autres l'interrogèrent : « qu'est-ce que cela signifie ? Qu'allez-vous faire à présent ? Allez-vous continuer à enseigner ? » Mais en disciple véritablement avancé, Orage refusa de conseiller quiconque. Il leur dit simplement : « faites ce que vous avez à faire ».

Le lendemain, au milieu de l'après-midi, Orage entra dans l'appartement de Gurdjieff. Il s'avança vers le maître, se tint droit devant lui et lui donna la déclaration signée de sa main, stipulant qu'il n'aurait désormais plus aucune relation avec Orage ou quiconque ayant le moindre rapport avec ce dernier et reconnaîtrait Gurdjieff comme son seul instructeur.

Gurdjieff prit le papier et, sans broncher, se rendit à la cuisine. Là, il se mit à pleurer. Ce fut la seule fois où ses élèves le virent exprimer une émotion. Pourtant, qui oserait prétendre que Gurdjieff n'était pas un homme sensible et plein de dévotion ?

*
* *

La vraie dévotion, la dévotion à la vérité, est toute de passion et d'intensité, pleine de vie, de sève et d'énergie. Nombre de maîtres zen en témoignent. Lors de sa première rencontre avec D.T. Susuki, le poète Gary Snyder était très jeune et amoureux de la littérature zen comme des enseignements bouddhistes. Très sensible, intelligent et fin, il n'en était pas moins impulsif du seul fait de son âge et de son peu d'expérience. Il avait économisé dans le seul but de se rendre au Japon et d'y rencontrer Susuki au temple ou résidait ce dernier. Lorsqu'il finit par arriver là-bas, il était naturellement assez excité. Susuki accueillit Snyder et son ami et les invita très gracieusement à l'accompagner au temple où il allait pratiquer. Ils en furent tout retournés. Rendez-vous compte : assister à la pratique de ce grand homme qui incarnait à leurs yeux le but suprême, la réalisation !

Susuki entra dans le temple et ils le suivirent. Là, il alluma des bougies et de l'encens puis vénéra le sanctuaire du Bouddha. Ce spectacle choqua Snyder et son ami. « Que faites-vous là ? demandèrent-ils au grand maître, à quoi bon vénérer des idoles ? Ne faut-il pas brûler le Bouddha, le tuer ? » En bons passionnés de zen, ils avaient lu toutes les célèbres histoires. Susuki se tourna vers eux et leur sourit avec beaucoup de douceur et de gentillesse. « Brûlez le Bouddha si vous voulez, leur dit-il, moi, je le vénérerai. »

Bien entendu, ce que l'histoire ne dit pas, c'est que Susuki avait « tué » le Bouddha depuis bien des années. Il avait déjà réalisé la non-dualité. Aussi était-il vraiment capable de vénération, de dévotion réelle. « Tuer le Bouddha » n'est que la première étape. Or, la vie ne consiste pas à s'établir dans la première étape. Il faut toujours avancer ou mourir.

*

* *

Littéralement, il est vrai que nous ne sommes pas séparés de Dieu, que Dieu seul existe. Dieu n'est pas quelque chose ou quelqu'un à l'extérieur de nous-mêmes auquel il convient d'adresser des prières, des offrandes, etc. Il est également vrai que les êtres humains sont par nature disposés à nourrir certaines pensées, certains sentiments, à s'engager dans un certain type d'activités, et qu'une part de nous-mêmes ne saurait être satisfaite en l'absence d'un certain climat de dévotion et d'adoration. C'est là que se pose la question : dévotion envers qui ? Qu'allons-nous adorer ? Il va nous falloir peu à peu nous hisser au niveau où cette question trouve sa réponse.

Premier point : il est impossible de connaître ou d'expérimenter la vraie dévotion à moins d'être déjà consumé par la réalisation de la non-dualité. Toute dévotion ressentie ou exprimée en dehors de la conscience que seul le Divin existe sera sans doute sincère, procédera d'une motivation pure. Sans doute sera-t-elle positive, exempte de toute violence ou de négativité ; elle n'en sera pas pour autant réelle, peu importent les apparences, peu importent les sentiments éprouvés. Il est possible de ressentir, l'espace d'un moment, la dévotion véritable si l'on fait l'expérience de l'union avec le tout. Mais sitôt l'expérience non-dualiste dissipée, on retourne à sa névrose habituelle. Et dans ces conditions, on ne saurait exprimer autre chose que son désespoir ou sa frustration, qu'un simulacre de dévotion.

Deuxième point : la dévotion repose sur le sentiment profond du Bien-aimé sous sa forme personnelle. Les soufis le définissent comme une forme extérieure, ultime et personnalisée de Dieu. Ils attribuent au Bien-aimé la perfection des qualités humaines et recourent à la poésie pour exprimer leur relation à lui. Cette poésie va généralement décrire l'inimaginable beauté de la peau du Bien-aimé, la splendeur de sa chevelure, de ses boucles de cheveux, de ses yeux, de ses lèvres... on attribue à chaque trait du visage les qualités les plus exceptionnelles et majestueuses afin que l'adorateur s'élève en extase par sa contemplation du Bien-aimé.

La poésie hindoue à propos du Bien aimé Krishna est dans l'ensemble très érotique. Nombre de poèmes se réfèrent à la poitrine nue de Krishna, à la sensation de sa peau pressée contre les seins des Gopîs, à la sueur qui coule lors du corps à corps... Dans la poésie soufie, par contre, on se contente de décrire le visage, peut-être le cou, comme si toute description supplémentaire allait amener un surcroît de tension sensuelle qui s'avérerait insupportable. L'énergie et le climat de cette poésie soufie ne repose pas sur l'union au Bien-aimé ou sur la plénitude de la rencontre sensuelle mais sur cette douceur propre au désir : on se languit de ce que l'on ressent et connaît comme parfait mais à jamais hors de portée.

A cet égard, un homme m'a un jour raconté une histoire incroyable : « J'avais longtemps cherché la femme de mes rêves, me raconta-t-il, et un jour, je la rencontrai. Elle était parfaite. Dès que nous fûmes en présence l'un de l'autre, nous sûmes que cette fois, ça y était ! Nous nous assîmes et parlâmes pendant des heures, bien que toute conversation fut entre nous superflue. Puis elle m'invita chez elle et, en chemin, me dit qu'elle n'était pas attachée à grand chose mais adorait par-dessus tout son chien. Lorsque j'arrivai chez elle, je rencontrai son gros chien noir qui se montra très amical. Donc, pendant que la femme de mes rêves était dans la salle de bains, je commençai à jouer avec le chien. Je trouvai une balle et commençai à la lancer. A chaque fois, le chien s'élançait, attrapait la balle et me la ramenait. C'était très amusant, ce chien m'était sympathique, le contact passait entre nous sans aucun problème. A force de jouer, nous devînmes tous deux de plus en plus excités. Je lançai si fort la balle qu'elle rebondit et passa par la fenêtre, immédiatement suivie du chien. L'appartement était au cinquième...

Il me fallut un moment pour comprendre ce qui venait de se produire. Puis, d'un seul coup, la réalité me frappa de plein fouet. Je me levai, quittai l'appartement alors qu'elle était encore dans la salle de bains et ne la revit jamais. Mais je me suis toujours langui d'elle, et ai vivement ressenti la perte de la seule relation idéale dont j'ai jamais eu un aperçu. »

C'est une histoire assez drôle, mais très puissante. Est-ce que vous saisissez ? A l'époque, cet homme avait environ vingt-cinq ans. Il avait enfin rencontré la femme de ses rêves. Et désormais, pour le restant de sa vie, tout ce qu'il verra ou fera sera coloré par le souvenir de ce moment, par le souvenir de son dernier regard sur le visage de cette femme.

La poésie soufie ne repose pas sur la contemplation répétée du Bien-aimé ou sur sa connaissance de plus en plus approfondie. Cette poésie parle du premier vrai regard jeté sur le Bien-aimé et de la connaissance qui s'ensuit. Voilà, c'est cela ! Une beauté si supra-humaine, si parfaite, si inatteignable qu'à l'instant même où vos yeux se posent sur elle vous savez qu'elle est tout ce que vous avez jamais pu désirer. Puis elle disparaît à jamais.

Dans la tradition Bâul, au Bengale, on parle du Bien-aimé comme étant « l'homme du coeur », en bengali « manar manush ». Ils considèrent que le Bien-aimé ne se trouve pas à l'extérieur de soi mais se tient dans le coeur humain, attendant le moment où il pourra libérer ce coeur et le plonger dans l'extase. C'est de cette tradition que je me sens le plus proche. Elle est relativement récente, ne remonte qu'à quelques centaines d'années. En Inde, les soufis sont les seuls à accepter les Bâuls et à voir en eux autre chose que des voleurs et des fumistes.

C'est le désir, le fait de se languir du Bien-aimé qui va transformer le disciple, et non le fait de le posséder. Comprendre ce principe est fondamental. La perfection n'est pas de ce monde. Néanmoins, l'être humain dans son ultime expression ne saurait se sentir vraiment comblé s'il n'a pas atteint une forme de perfection. Tout art est une tentative pour produire ou manifester la perfection.

Et cependant, une oeuvre d'art, c'est de la merde. C'est vrai de toute oeuvre d'art. A peine l'artiste a-t-il eu un aperçu du Bien-aimé que la perfection retombe au niveau humain. L'oeuvre d'art qui tente de donner forme à cette vision n'en est jamais que le résidu.

En tant qu'oeuvre d'art, la Pieta de Michel-Ange ou les messes de Bach peuvent induire l'extase chez le spectateur ou l'auditeur ; mais si l'on entre vraiment en contact avec l'essence de l'artiste présente dans l'oeuvre, on n'éprouvera pas un sentiment de satisfaction mais une soif insatiable. Il y a bien satisfaction au moment de l'extase, mais tout passe, y compris l'extase. L'extase authentique laisse toujours dans son sillage quelque chose qui n'est pas simplement une soif égotiste, quelque chose qui dépasse le simple désir de ne plus souffrir. Au moment de l'extase authentique, l'ego oublie.

*
* *

L'être désire l'extase parce qu'après l'extase on se souvient. En elle-même, l'extase n'est jamais qu'une expérience comme une autre, mais elle ouvre une porte. Sa valeur réside en ce sur quoi elle ouvre une porte, et non dans son intensité ou dans le plaisir qu'elle nous procure.

Si la perfection n'existe pas, la vraie dévotion, elle, existe : le désir de vénérer la perfection dans sa forme personnelle. Il y a là un paradoxe. La perfection n'existe pas, et pourtant, *tout est parfait*. Telle est la réalisation de la non-dualité : toute la vie, tout ce que nous voyons maintenant est parfait. Mais cela, il s'agit de le réaliser et non de l'adopter ou de l'utiliser en tant que concept.

Réaliser que tout est parfait n'a rien à voir avec tenter de *faire comme si* l'existence était parfaite. Il y aurait de quoi devenir fou ! « Quoi, vous voulez dire que l'abruti qui m'a fait une queue de poisson sur la route est parfait ? Ça va pas ! »

Le Bien-aimé est exclusivement humain. L'idée Bâul de « l'homme dans le coeur » est une imagerie littérale de la perfection humaine. La question se pose donc : notre dévotion peut-elle se centrer sur une « chose » ou un « objet » en tant que tels ? La réponse est non. Certainement pas. La dévotion peut-elle alors se centrer sur un idéal vide, une sorte de symbole archétypal ? Là encore, la réponse est non. Comment pourrait-il en être ainsi ?

Les bouddhistes expriment une facette du dharma dans leur affirmation selon laquelle : « la vacuité est forme, la forme est vacuité ». Donc, à la question : « Y a-t-il quelque part un " Bien-aimé " au sens littéral ? Le Bien-aimé, cet idéal de perfection impossible, a-t-il une forme ? », on ne peut que répondre : non, il n'en a pas. Il est vacuité. Mais ce vide est forme. « Ce corps que j'habite, que vous habitez, est-il vide ? » Telle n'est certes pas notre impression. Ce corps relève bien du domaine de la forme. Il ressent, pense, éprouve des émotions, peut être défini et distingué d'autres formes. Il se trouve en relation dans le temps et dans l'espace. Pourtant, réaliser l'illumination équivaut à réaliser que cela, ce corps, votre corps, est aussi vacuité absolue.

La forme est vacuité, la vacuité est forme. Que le Bien-aimé soit « l'Ami » des soufis, le compagnon ultime... ou « l'homme dans le coeur » des Bâuls ;

que le Bien-aimé soit Krishna ou Jésus pour le contemplatif chrétien dont la pratique consiste à prendre Jésus pour époux et à le vénérer sous cette forme... tout cela revient au même. Ce sur quoi nous centrons notre dévotion, ce que nous vénérons ou adorons, c'est l'expérience de l'union à tout ce qui est. Ce que nous vénérons, c'est la non-dualité.

Une telle vénération « tue » littéralement le bouddha et détruit la notion de l'image de Dieu en tant que sauveur ou « autre » que nous-mêmes. Après la mort du Bouddha, il fut interdit pendant quelques centaines d'années de le représenter. Les premières images connues ne représentaient pas son visage mais ses empreintes de pied, truffées de symboles renvoyant à tout ce qu'il pouvait signifier. La même chose s'est produite dans le christianisme. Au cours des premiers siècles après Jésus-Christ, la pratique prédominante n'était autre que celle de la « prière du coeur » ou « prière de Jésus ». Elle ne s'adressait pas à Jésus le Nazaréen mais au Christ en tant qu'Etre. Lorsque l'on accomplit la prière du coeur, la dévotion à Jésus devient absolue. Adorer Jésus ne signifie pas le concevoir superficiellement en tant que fils de Dieu, guérisseur ou thaumaturge mais en tant que le Christ paradoxal. Il n'y a pas de Christ rationnel. Qu'un être humain ait pu également être un Christ ou un Bouddha, voilà qui est totalement inexplicable. Cela ne peut se comprendre qu'en dehors du domaine du temps et de l'espace, en dehors de la dualité. A l'intérieur de la dualité, cela demeure littéralement inconcevable.

Après avoir réalisé que l'on est déjà éveillé car, en fait, il n'y a jamais ni séparation de Dieu ni non-éveil, on peut accéder à la dévotion. Si l'on assume avec intégrité la conscience de l'éveil et ce qu'elle implique, le corps ira spontanément, tout naturellement, vers un état dans lequel la dévotion jaillira d'elle-même en général sans qu'on l'ait désiré et de manière inattendue.

Prendre conscience de son propre éveil, c'est s'établir dans ce que j'appelle « l'esprit qui ne qualifie pas ». Quand cela se produit, on ne se pose plus la question de savoir qui adore et qui est adoré. On éprouve de la dévotion, voilà tout, on sait et on suit son instinct. En même temps, on reconnaît que l'on est retourné à la dualité tout en demeurant dans le contexte de la non-dualité. Alors, il n'y a pas seulement *réalisation* de la vérité mais *expression* concrète de la vérité dans le monde.

C'est tout pour l'instant.

VIII

LA COMMUNAUTE

Plutôt que de recruter des élèves à titre individuel, je m'emploie à créer une communauté et une culture bien spécifique. Cela procède chez moi d'une intention précise. J'entends, par « culture », un contexte proposant une éducation dans tous les domaines : grossesse, naissance, manière d'élever les enfants, d'aborder la mort... Une culture établit tout le contexte à l'intérieur duquel nous vivons notre vie et plus particulièrement notre relation à l'art et à la création. Il importe de voir que notre propre corps est une forme d'art, et que l'art s'exprime à travers les vêtements, l'hygiène, la nourriture, les mouvements... La culture d'une communauté digne de ce nom doit inclure les handicapés comme les personnes parfaitement valides, les gens émotionnellement perturbés comme les personnes équilibrées si tant est qu'elles existent, les tout-petits, les enfants, les adultes et les personnes âgées. Une communauté inclut toutes ces catégories et pas exclusivement les jeunes gens en pleine santé capables de courir.

La formation d'une communauté tribale m'apparaît comme la plus puissante des manifestations culturelles permettant de résister au processus de déshumanisation induit par la culture mondiale. Je n'en suis pas moins conscient d'une extraordinaire difficulté : comment s'attendre à ce que des gens issus de milieux divers et ayant des inclinations différentes puissent se rassembler et former une communauté tribale ? Tel est cependant l'idéal auquel nous tendons. Tel est l'objectif que je me suis fixé dans mon travail.

L'idée de communauté induit chez les Occidentaux une grande peur tout à fait caractéristique de notre société : celle de perdre son individualité. C'est une peur légitime. Dans cette grande masse d'humanité en mouvement, en général, c'est exactement ce qui se produit au sein de bien des communautés religieuses et de la plupart des collectivités politiques. La collectivité politique n'existe que si les gens perdent leur individualité.

Par contre, au sein d'une vraie communauté tribale, la primauté de la communauté est tacitement admise par tous les individus qui la composent. Cette adhésion n'en exclut pas pour autant l'individualité de chacun des membres. Au sein de telles cultures, une individualité fortement affirmée coexiste parfaitement avec l'existence de la communauté sans que cela crée de conflits. Nous ne pouvons imaginer semblable situation. En Occident, nous n'avons aucune expérience directe de ce que peut être une vraie communauté. Peut-être avons-nous lu des livres à propos des cultures tribales, ou séjourné en leur sein, mais pour la plupart nous ne disposons d'aucun exemple adéquat. En guise de communauté, nous ne connaissons guère que la famille nucléaire : maman, papa, plus deux enfants et demi ou quelque chose comme ça, et on ne saurait trouver communauté plus politique que celle-là ! Peut-être pouvons-nous considérer l'entreprise comme une communauté. Mais il s'agit là encore d'un très mauvais exemple.

Rien d'étonnant, donc, à ce que nous ne puissions imaginer ce que ce serait d'être en communauté tout en préservant son individualité. Si nous nous intéressons aux communautés spirituelles, peut-être allons-nous nous dire : « cette voie prescrit beaucoup de choses : la méditation, l'étude, l'exercice physique quotidiens, ainsi que beaucoup d'autres pratiques mineures. Mais si j'entends préserver mon individualité et n'ai pas envie de méditer, comment maintenir mon indépendance ? »

Ecoutez, maintenir votre individualité ne signifie pas ne jamais faire un travail qui ne vous dit rien, surtout si vous avez besoin d'argent pour vivre, d'accord ? C'est tout bonnement une affaire de priorités. Il en va de même dans une communauté spirituelle. On médite tous les jours, on étudie tous les jours, on fait tous les jours de l'exercice et on n'en persiste pas moins dans les attitudes mesquines et méchantes que l'on a toujours eu. Pas de problème ! Oh, il y a bien les autres auprès desquels vous vivez... mais vraiment, ce n'est pas un problème ! Il y a dans la vie des moments ou certaines choses, la notion d'individualité, la pratique d'un art, la recherche de tout ce que l'on apprécie doivent être laissées de côté au profit de nécessités plus élevées.

Dans ma vie, j'ai sacrifié certaines joies simplement parce que d'autres choses me paraissaient plus nécessaires. Il m'a fallu utiliser mon temps autrement, le consacrer à des choses tout bonnement plus importantes que ce que j'avais coutume de faire et qui me plaisait, m'apportait de grandes satisfactions. Donc, si l'idéal de la communauté et la communion qui en résulte sont pour vous plus importantes, vous renoncerez à manger de la viande, à boire du café et de la bière aussi souvent que vous en avez envie, voilà tout. Il ne sagit pas de noyer votre individualité dans quelque grande soupe communautaire. Il s'agit seulement de faire un choix intelligent. Et ce n'est que sur la base d'une individualité réelle que l'on peut faire des choix vraiment intelligents.

Dans notre communauté en Arizona, il y a actuellement une trentaine d'adultes vivant à l'ashram, dont environ la moitié prend régulièrement part aux pratiques prescrites. De mon point de vue, il faut pratiquer sur la base de votre individualité, parce que vous avez choisi de le faire, et non vous soumettre toujours à contrecoeur à quelque autorité supérieure. Cette communauté existe depuis quinze ans. Je pourrais édicter une règle spécifiant que « quiconque ne médite pas tous les jours devra quitter l'ashram ». Mais je ne l'ai pas fait. Pas encore... Donc, premièrement, la peur de perdre son individualité est sans fondement. Deuxièmement, l'une des choses que cette voie vous aidera à clarifier sera de voir d'où vient cette peur.

Pardonnez mon insolence, mais je crois que certains d'entre vous feraient bien de renoncer à ce qu'ils prennent pour leur individualité. Croyez-moi, vous vous en porteriez beaucoup mieux. Certains s'accrochent à des personnalités tellement tordues, malheureuses, parce qu'ils y voient la marque de leur individualité. Comme c'est bizarre !

*
* *

La structure me semble très précieuse tant que nous l'utilisons intelligemment et ne lui permettons pas de nous faire office de papa ou de maman. J'ai essayé de pratiquer les arts martiaux tout seul et me suis rendu compte que dans un cours très structuré je pouvais en apprendre dix fois plus. Seul, je ne suis pas en mesure de créer de frictions. En cours, par contre, l'instructeur ceinture noire est sur mon dos et il me fait bosser. En fait, il m'a littéralement fait coucher sur le dos et, dans cette position, m'a obligé à me déplacer d'un bout à l'autre du tapis. Je ne me serais certainement pas imposé une chose pareille.

Une voie spirituelle fait à peu près la même chose. Il y a des « tortures », mais c'est pour notre bien !

Fondamentalement, il ne s'agit pas dans un groupe que tout le monde fasse la même chose sous peine de se faire taper sur les doigts. Le groupe est une structure au sein de laquelle l'influence divine peut devenir disponible. En tant qu'individus, il nous appartient de reconnaître sa valeur et de rester en relation avec cette influence. Nous n'avons pas à être d'accord avec tout ce qui prend place dans le groupe, ni avec tout ce qu'expriment les autres de ce qui remue en eux. Et, à n'en pas douter, il y aura du remue-ménage, beaucoup de remue-ménage !

Toute structure a ses problèmes ; ils participent de sa dynamique. Mais l'absence de structure engendre encore plus de problèmes. Même Krishnamurti avait des écoles primaires et secondaires fondées, autrement dit structurées, sur sa conception de la non-structure.

Pour être capable de traverser la vie sans structure, il faut d'abord se soumettre à une structure apte à nous faire entrer dans ce mouvement. Les gens m'entendent énoncer ce principe et disent : « d'accord, cela me semble bien. Si je deviens votre élève, quand serai-je assez éclairé pour me passer de toute structure ? » Je leur réponds que je n'en sais rien. A vous d'essayer. La plupart de mes élèves travaillent depuis longtemps avec moi, car il n'y a guère d'allées et venues dans notre école. Si vous observez ces élèves de longue date, je ne pense pas qu'ils vous sembleront porter cet engagement comme un poids ou un handicap.

Une structure sert à concentrer des ressources de manière efficace, dans un esprit spirituel et non en instituant des relations superficielles. La structure peut magnifier l'énergie. Prenez par exemple quelques personnes isolées. Elles auront une certaine force. Si vous reliez ces personnes entre elles mettons qu'elles soient trois, la force ne sera pas trois fois plus grande mais plutôt trente fois plus grande.

La communauté est semblable à un corps dont l'influence divine serait la circulation sanguine. C'est à la fois merveilleux et pas si merveilleux. En un sens, tout ce qui profite à une cellule du corps profite à l'ensemble du corps. D'un autre côté, la maladie peut affecter le corps tout entier. Dans un corps sain, quand l'infection commence, des éléments guérisseurs sont immédiatement envoyés à la source de l'infection pour éviter qu'elle ne se répande et infecte l'ensemble. Il en va de même dans la communauté. Ce corps n'est pas exempt de maladies, mais l'avantage d'en être partie intégrante, c'est que toutes les ressources de l'ensemble sont disponibles afin de combattre son propre mal. Néanmoins, il importe de se souvenir que le corps est le corps, et rien de plus. Ce n'est pas l'esprit. Il sert un but pendant un certain nombre d'années et lorsqu'il ne sert plus ce but, il disparaît.

On quitte la structure lorsqu'elle est devenue inutile, quand on n'en a plus besoin. On peut aussi partir parce que le corps nous a rejeté. Quand une entreprise n'a plus besoin de vous, elle essaie de vous classer aux archives et vous fais cadeau d'une montre en or. Quand le corps n'a plus besoin de quelque chose, par exemple des dents ou des cheveux, il les perd, tout simplement. Contrairement à certaines personnes, les dents ne disent pas : « bon, j'ai reçu l'enseignement, et je crois que je vais maintenant aller dans un nouveau corps. » Quand un lézard se fait manger la queue par un oiseau, la queue ne devient pas un autre lézard. Le lézard se laisse pousser une nouvelle queue. Voilà une vérité qu'il est utile de voir.

*
* *

Mon but, c'est que cette communauté devienne une structure organique, complètement : une structure possédant sa propre connaissance et fonctionnant selon sa propre intelligence innée, à savoir celle dispensée par l'influence divine. Une structure organique sait exactement ce qui est et ce qu'elle doit faire. Le corps sait quand respirer, par exemple, ou comment le coeur doit battre. Quand vous décidez « d'améliorer » une structure organique à travers toutes sortes d'ajouts, vous obtenez une Eglise...

Prenons un exemple. Nous avons du progrès une vision pour le moins tordue. Aux Etats-Unis, le

« progrès » signifie prendre une femme en train de mettre au monde un enfant, lui placer les pieds dans des étriers, lui faire une injection dans le dos pour qu'elle ne sente rien puis d'une manière ou d'une autre tirer l'enfant... Voilà ce que l'on entend par « progrès »... comme si les femmes n'avaient pas su mettre des bébés au monde avant que nous ne disposions des hôpitaux, des injections, des rayons X et autres techniques.

Autre exemple : en Inde, il n'y a pas de toilettes occidentales mais des trous dans le sol. Il faut rester debout ou s'accroupir et c'est ainsi que l'on défèque. A mon premier essai, j'ai été stupéfait de constater à quel point cela me paraissait naturel. Tout mon corps s'est transformé dans sa façon d'éliminer. J'étais vraiment étonné. Le progrès en Inde consiste à installer un endroit où tout le monde va s'accroupir plutôt que de laisser les gens déféquer d'un bout à l'autre de la jungle. Mais pour l'esprit occidental, le progrès consiste à installer cette structure appelée « toilette » puis à conditionner le corps de telle sorte qu'il puisse s'en servir correctement. Cela montre bien que nous plaçons notre intelligence au-dessus de la connaissance innée de notre propre corps.

Cependant, bien que je vise à créer une structure vraiment organique, la communauté ne correspond pas complètement à cet idéal. Les gens continuent à prendre un certain pouvoir et à en abuser ici et là, même de manière relativement anodine. La structure comporte des éléments qui ne sont pas encore mûrs. Et c'est pourquoi nous travaillons. Cela dit, y a-t-il au monde quoi que ce soit de parfait ? Nous tendons tous vers la perfection. Nous ne pouvons nous attendre à entrer dans une communauté et à y trouver la perfection pure et simple ; nous ne pouvons menacer de nous en aller si la communauté s'avère imparfaite. C'est à nous de lui donner nos énergies, notre vision !

Dans une structure organique, personne n'a besoin de se préoccuper du moment où il faut faire les choses. La structure elle-même s'en charge. Prenez par exemple une fleur pleine de graines. Les graines ne disent pas à la fleur : « allez, nous sommes prêtes, jette-nous dans l'air. Maintenant, allez... » Cela arrive, voilà tout, de manière spontanée et naturelle.

C'est la structure idéale. Mais comme le mental est un élément surajouté à cette structure organique de base, il est difficile pour les humains de créer une structure organique. C'est pourtant la vocation de chaque être humain : travailler à la création d'une telle structure et y prendre part. Et, je le répète, cela ne contrecarre en rien le désir de chacun d'être un individu.

Une structure organique destinée aux humains ne va pas définir ou éliminer les différences de goût, les préférences, les divers tempéraments artistiques ou dispositions émotionnelles. une vraie structure organique ne va pas tout uniformiser, rendre tout lisse et propre. C'est impossible. Mais c'est ce que va faire une structure mentale. Une structure mentale va établir une entreprise dans laquelle tout le monde porte les mêmes vêtements, parle le même langage, regarde les mêmes films. Une structure mentale va édicter que tout le monde fera l'amour une fois par semaine le jeudi soir à sept heures... Si vous ratez le coche, tant pis pour vous, il vous faudra patienter jusqu'à la semaine prochaine !

Quand on travaille avec des structures composées d'êtres humains, on en arrive toujours à se confronter aux faiblesses de la structure, à la tendance des humains à se mettre en position d'autorité pour en abuser... et toutes sortes d'autres choses. Néanmoins, il nous faut faire preuve d'un peu d'obstination, de discipline et continuer à essayer. Poursuivre notre tentative de nourrir la structure d'une intelligence réellement organique plutôt qu'uniquement mentale.

Je crois qu'il existe des communautés qui sont parvenues à une intelligence organique, mais cela se produit souvent grâce à l'énergie du maître. Puis, quand le maître meurt, l'énergie s'en va. Il arrive que ce soit le maître qui tienne toute la communauté et pour moi cela ne suffit pas. Mon but, c'est que la communauté devienne une structure organique sans que tout repose sur moi.

Cela se produit rarement dans l'histoire humaine. Non que cette vision soit en elle-même rare : mais il est rare qu'elle devienne d'actualité.

La vraie communauté : une culture de la sainteté

Si les fondations sur lesquelles on tente de bâtir une vie sacrée sont pourries, tôt ou tard la vie sacrée deviendra si lourde qu'elle fera s'écrouler ces fondations, et tout le reste s'écroulera avec. Ma manière de m'exprimer vous a peut-être donné l'impression que la sainteté était le dernier de mes soucis. Bien au contraire. Pour moi, une vie qui n'est pas une vie de sainteté n'est tout simplement pas une vie. La perspective de passer le reste de mon existence dans une culture où il n'y aurait aucune sainteté me dégoûte et me paraît tout à fait intolérable.

Dans les premières années de mon travail, j'ai essayé de créer une structure de sainteté. Dans ma naïveté, je n'avais pas réalisé quelle était la relation entre les fondations et la structure. Je voyais que nous pouvions générer beaucoup de rires, beaucoup d'activité offensive et beaucoup de prosélytisme. Mais avec le temps, je me suis rendu compte qu'aucune transformation ne prenait place. La fausse sainteté peut être assez drôle, si on ne l'a jamais vue à l'oeuvre. Mais on s'en fatigue très vite. J'essaie maintenant dans mon travail de créer une culture de véritable sainteté. Mes élèves s'accrochent à ce même idéal. Certains en perçoivent clairement la difficulté et sont vraiment prêts à travailler jusqu'à ce que nous y parvenions. Pour eux comme pour moi, c'est la seule perspective acceptable.

*
* *

Dans un processus de transformation spirituelle, il y a une incroyable quantité de stress, des frictions qui d'une manière ou d'une autre doivent être résolues. Elles ne doivent pas nécessairement trouver un exutoire, mais il faut en faire quelque chose.

Souvent, cette friction se manifeste sous la forme de tensions émotionnelles, d'humeurs très fortes, etc. Si vous observez la plupart des communautés spirituelles, vous verrez que leur climat ressemble étrangement aux contextes générateurs de maladies psychosomatiques. Néanmoins, il y a une différence, très subtile : quoique le stress produise généralement des maladies, il peut, à condition d'être utilisé correctement, produire autre chose. Dans les exercices isométriques, par exemple, c'est la résistance et la tension qui développent les muscles.

Non que les personnes engagées dans un intense travail spirituel ne tombent jamais malades ; cela arrive. Parfois, on ne parvient pas à effectuer le branchement nécessaire, ou on absorbe davantage que ce que l'on peut contenir. Si les circonstances du travail spirituel n'avaient pas pour but de produire une transformation, elles produiraient des maladies pratiquement ininterrompues. L'une des raisons pour lesquelles la plupart des Ecoles prescrivent la pratique de la méditation, une forme d'exercice physique et un certain régime est que ces pratiques permettent d'absorber les effets du stress.

La friction du travail spirituel peut en fait générer une transformation qui constitue une alternative à l'expression des tensions à travers la maladie.

Dans mon propre travail, je suis tout à fait capable de demeurer seul et de jouir de ma propre compagnie, loin de toute communauté. En même temps, mon travail spirituel s'est toujours fait en groupe, avec une Ecole et un maître. Dans une communauté, on trouve une structure établie de personnes travaillant à différents niveaux. C'est à l'intérieur de cette structure que l'on fait l'expérience d'une frustration particulière : on détient une connaissance mais l'on n'en est pas pour autant capable de toujours vivre à la hauteur de cette connaissance. C'est tout le problème de l'illumination instantanée par rapport à l'illumination progressive. L'illumination instantanée, c'est le fait d'entendre pour la première fois la vérité et d'immédiatement la reconnaître comme telle. Tout le reste du travail spirituel, qui peut prendre une vie entière, consiste alors à vivre en accord avec cette réalisation. On travaille dur, on pratique, et puis on rentre à la maison et il y a cette homme ou cette femme qui se trouve là... il suffit d'un instant pour que votre pratique passe par-dessus bord. Mais avec le temps, si vous persistez dans votre intention, si vous êtes aidé et si vous vous souvenez suffisamment, vous mûrissez et devenez capable d'entretenir une relation véritable. Je ne crois pas que l'on puisse être davantage aidé que par la compagnie et l'expérience de personnes qui sont passées par ces mêmes expériences et les ont quelque peu surmontées.

Dans l'aïkido, le judo et autres formes d'arts martiaux, il y a un principe qui dit : « cédez afin de conquérir ». Eu égard à la communauté, cela peut signifier qu'il faut laisser les autres jouer leurs jeux égoïques, afin qu'ils expriment ce qu'il y a en eux. Puis, quand, à force d'être ainsi acceptés, ils ont gagné en confiance et se montrent plus vulnérables, on peut utiliser cette ouverture pour mettre en cause ces même jeux égoïques. Voilà un apprentissage qui peut s'avérer très précieux.

Il nous faut être patients et travailler dur. Avec le temps, nous nous rapprocherons de notre idéal. Je crois qu'une Ecole ou communauté est en un sens plus importante encore qu'un maître. Nous sommes tous déjà illuminés, il est donc facile de reconnaître cette illumination. Mais le vrai travail consiste à exprimer cette illumination jour après jour au sein de l'activité ordinaire et c'est à cela que sert la communauté.

IX

L'ABANDON ET LA LOI DU SACRIFICE

Lorsque les gens s'engagent dans un travail spirituel, ils s'intéressent en général aux concepts d'illumination, de libération. Ils font l'expérience de la première loi édictée par le Bouddha, à savoir que toute vie est souffrance, et ils recherchent une voie pour se libérer de la souffrance. Pour eux, liberté signifie vivre sans restrictions, s'affranchir des limites et jouir de possibilités infinies. Ils veulent que non seulement le monde mais l'univers entier soit leur terrain de jeu.

Mon expérience, c'est que dans la véritable liberté, il n'y a pas de choix... il n'y a liberté authentique que lorsqu'il n'y a plus personne pour faire des choix. Mon premier livre s'intitule *Spiritual Slavery* (L'esclavage spirituel). J'y ai exprimé l'essence de mon travail ou son principe sous-jacent, à savoir que lorsqu'on s'abandonne à Dieu, on se trouve mû par autre chose que ses attirances personnelles et la perception consciente de sa propre identité. En fait, on est en toutes circonstances mû par la volonté de Dieu. A l'intérieur de cela et à chaque instant, il n'y a toujours qu'une expression optimale pour chaque cellule de la création. Tout ce qui se trouve en-deçà n'est jamais qu'expression de l'ego.

L'ego pense que s'il était illuminé, il pourrait faire tout ce qu'il voudrait à tout moment et n'aurait à se soumettre à aucune loi. Mais ce n'est pas le cas. Plus on se trouve soumis à la volonté de Dieu, moins il y a de lois, plus les lois deviennent absolues. Dans le monde de l'activité ordinaire, par exemple, il y a des lois concernant les limitations de vitesse, les détournements de fonds, les faux témoignages, etc. Mais pour les lois de la nature, ces lois humaines n'ont aucun sens. Croyez-vous que les tempêtes et les tremblements de terre, la foudre et les volcans se soucient de la propriété privée ou des pancartes enjoignant de ne pas marcher sur la pelouse ?

Il existe une hiérarchie de lois, mais la loi la plus haute, celle de Dieu, est une loi de sacrifice. Face à elle, aucune autre loi ne fait le poids. Cette loi est sans appel, elle ne souffre aucun aménagement. Permettez-moi de vous en donner une explication aussi simple que possible. Au sein d'un système écologique, il est naturel que chaque élément tout à la fois mange et soit mangé. Les êtres humains ne font pas exception. La loi du sacrifice signifie que nous servons tous de nourriture à quelque chose de plus élevé.

Quand vous commencez à fonctionner en relation à cette loi, peu importe que vous refusiez ou non de servir de nourriture, d'être consommé au service d'un processus supérieur. D'accord ou pas, vous allez être « mangé ». Ce qu'il importe de savoir, c'est que vous pouvez soit vous offrir gracieusement en pâture à ce qui va vous manger, faire en sorte d'être le plus raffiné des repas, soit trépigner, hurler et protester d'un bout à l'autre.

Werner Erhard, fondateur d'Est et du Forum, disait souvent : « la craie est déjà tombée à terre ». Qu'entendait-il par là ? Si vous avez un morceau de craie et que vous le laissez tomber, même s'il s'écoule un court laps de temps, la craie est déjà par terre à l'instant où vous l'avez lâchée. En effet, la force de gravité est une loi absolue à l'intérieur de cette dimension du temps et de l'espace. Une fois que la craie s'échappe de vos doigts, en supposant qu'il n'y ait aucun obstacles entre elle et le sol et qu'elle ne soit pas interceptée par une force venue d'une autre dimension, elle appartient à la loi de la gravité. Alors qu'auparavant, elle appartenait à la loi de vos muscles : tant que vous l'aviez en main, vous pouviez en faire ce que bon vous semblait.

De même, dans notre relation au Divin, il y a des lois. Si nous sommes capables de nous abandonner à ces lois, elles s'exerceront sans rencontrer d'obstacles et le résultat final sera déjà certain dès l'instant où nous nous serons abandonnés.

Il est donc capital de savoir ce que sont ces lois et de s'abandonner à elles. Le mental s'y entend à trouver des excuses. Il est incroyablement retors. Du point de vue du mental, il n'est pas de perspective plus redoutable que celle de ne plus fonctionner selon son bon vouloir mais de se trouver soumis à une autre loi que la sienne. Peu lui importe que le fait de fonctionner selon sa propre loi soit en complète opposition avec le Divin ; le mental n'en a cure. Tout ce qu'il veut, c'est opérer selon son bon vouloir. C'est ainsi que l'ego voit les choses.

Il importe que nous distinguions bien l'abandon véritable aux lois divines de l'erreur consistant à *croire* que l'on s'est abandonné. Faire une erreur, c'est « pécher », au sens étymologique de ce terme qui signifie « rater la cible ». Notez que je n'emploie pas le verbe « pécher » dans son acception courante : « faire le mal ». Il n'en reste pas moins que rater la cible, c'est grave. Thoreau a dit : « la plupart des hommes mènent une existence de désespoir tranquille. » C'est ce que j'appelle « rater la cible ». Vivre une vie tranquillement désespérée, ou même une vie paisible et douce, cela ne suffit pas. Une existence neutre, cela ne suffit pas. Ainsi que l'a dit Gabriel Marcel : « si vous ne faites pas partie de la solution, vous faites partie du problème ».

Pour la plupart des gens, découvrir les lois divines et s'y soumettre, être littéralement sous leur emprise, constitue une perspective terrifiante. Quand l'ego se trouve face à cette voie, il ne voit pas que l'abandon à la volonté de Dieu ne signifie pas être tué mais plutôt se soumettre à une dynamique différente. Tant qu'il n'édicte pas toutes les règles, ne tire pas toutes les ficelles et ne contrôle pas tous les détails, l'ego n'est jamais satisfait. Il veut tout contrôler non seulement en ce qui le concerne mais en ce qui concerne toute personne et toute chose dans sa sphère d'influence. Donc, lorsqu'il comprend que l'un des objectifs de cette voie est de déplacer son propre contexte, il commence à élever des barrières et à résister. L'ego dit : « ça ne va pas, c'est dangereux. Tu n'es pas à ta place, tu ferais mieux de partir. Le maître est dingue, l'Ecole est peuplée de gens complètement infantiles... »

Cette peur de la soumission n'a rien d'étonnant. Le libre arbitre n'est pas une loi divine, mais une loi propre à cette espèce particulière que forment les êtres humains. Mais les humains ne sont jamais qu'une des nombreuses espèces à se trouver en relation avec Dieu. Les lois divines ne se préoccupent pas des lois propres à une espèce particulière. Les humains peuvent bien vouloir exercer leur libre arbitre afin de vivre heureux, mais s'ils se trouvent pris dans une tempête, un tremblement de terre ou un incendie, la loi du libre arbitre n'a plus aucun sens.

Le Divin peint un grand tableau qui ne prend pas en considération chaque petite bosse sur la toile. Et c'est bien ce que nous sommes : la terre entière n'est qu'une petite bosse sur la toile. Voilà une vérité qui, je l'espère, va vous faire réfléchir, ne serait-ce qu'un instant ! C'est dans ce but que je l'énonce.

*
* *

La nature a ses propres lois physiques, et elle ne respecte pas les créatures, même si nombre de créatures la respectent. Au sein du royaume animal, il est fréquent que, dans les semaines précédant une grande tempête, les oiseaux consolident leur nid, que les autres animaux renforcent leurs abris afin de se protéger du climat. Mais l'homme, lui, ne respecte pas la nature. Il va souvent jusqu'à construire des villes sur des fissures ou des endroits susceptibles d'être inondés, ce qui se termine par des catastrophes.

Les lois de Dieu concernent les énergies de transformation et l'évolution. Reconnaître ces lois d'évolution, c'est reconnaître qu'en tant qu'êtres humains, nous avons beaucoup de possibilités de développement. Il ne s'agit pas tant de préserver la vie humaine telle que nous la connaissons aujourd'hui que d'accomplir notre destin de faire ce qu'un être humain est capable de faire du point de vue énergétique. Souvent, cela s'accomplit en décalage par rapport à la norme sociale et aux convenances. Ce que le Mahatma Gandhi a fait était certainement contraire aux normes sociales de son temps. Idem pour Albert Schweitzer, Einstein et Martin Luther King. Pour se soumettre aux effets du processus divin, il faut se montrer très libre vis-à-vis des lois humaines et de ce que le monde attend de nous.

On trouve dans l'Ancien Testament un très bel exemple de ce principe, à travers l'histoire d'Abraham et de son fils Isaac. Dieu ordonne à Abraham de lui faire le sacrifice de son fils aîné. Abraham emmène son fils sur la montagne et se prépare à le tuer. Voilà qui est certainement contraire aux lois élémentaires de l'humanité. Selon l'Ancien Testament, Dieu fut bien entendu si content du dévouement d'Abraham qu'Il épargna le garçon. Sans doute est-ce là l'origine de la conclusion de tous les contes de fées : « ... et ils vécurent heureux à jamais ».

Les lois du Divin concernent ce qui sert toujours une dynamique supérieure plutôt que ce qui sert la dynamique inférieure. Inversement, la dynamique inférieure se trouve toujours servie par les déchets de la dynamique supérieure. On pourrait dire que les êtres humains se nourrissent de caca d'ange ! En fait, certains êtres humains *sont* du caca d'ange. C'est comme ça.

Nous autres êtres humains nous insérons dans une chaîne écologique. Si nous fonctionnons en accord avec notre être essentiel, nous servirons la chaîne écologique et la maintiendrons en bon état de marche. Sinon, nous aurons tendance à obstruer le flot naturel, de même que l'équilibre écologique d'un étang d'eau stagnante sera perturbé si quelqu'un y déverse des déchets toxiques. Il est de notre responsabilité de découvrir que nous faisons partie d'une chaîne écologique et de voir comment nous pouvons y contribuer au mieux. Par exemple, il y a bien des manières de protester contre les dommages causés par les radiations nucléaires.

Certains sabotent des centrales. D'autres protestent d'une autre façon, peut-être sans jamais s'engager directement dans aucune action sociale ou même penser au problème de l'énergie nucléaire. Mais quoi qu'il en soit, que l'on y pense ou non, que l'on en parle ou pas, que l'on agisse ou non, l'énergie nucléaire est aujourd'hui bien présente à la surface de la planète et c'est un fait que l'on ne saurait ignorer. Si inconscient ou naïf que l'on soit, le corps va en être affecté. La présence de l'énergie nucléaire est un fait qui dépasse de très loin l'intérêt que votre petite personne peut éventuellement lui porter.

Selon le mystique russe George Ivanovitch Gurdjieff, la guerre est nécessaire à la terre tout comme certaines cultures bactérielles sont nécessaires au corps. J'admets que ce soit là une affirmation radicale. Il expliquait que certaines formes de vie supérieures ne pourraient exister sans les émanations produites par la souffrance humaine, et que ces formes de vie supérieures sont elles-mêmes nécessaires à la subsistance d'une autre partie du cycle. Donc, par exemple, quand un couple se sépare, quand un enfant ou un parent meurt, une souffrance est générée qui nourrit ces entités supérieures, et une guerre est comme un festin.

En ce qui me concerne, je trouve les atrocités de la guerre terriblement dérangeantes et je pourrais tout à fait soutenir que la névrose de l'homme en est seule responsable et qu'il n'y a rien de précieux à en tirer. D'un autre côté, je n'exclus pas que Gurdjieff ait eu raison. Je me félicite de n'être pas spécialiste en matière de violence ou de fabrication d'armes. J'ai une autre spécialité et m'y consacre de mon mieux. Je n'essaie pas de deviner les lois divines ou de percer à jour les mécanismes à l'oeuvre dans le processus.

Donc, pour redire encore une fois la même chose, la meilleure manière d'utiliser les énergies dont nous disposons en tant qu'êtres humains consiste à les mettre au service d'une dynamique supérieure.

*
* *

Tout dans l'univers est soumis à certaines polarités que nous pouvons appeler « mâle et femelle » ou, comme en électricité, « positif et négatif », ou encore, tout simplement, « polarités opposées », selon l'expression employée quand on parle d'aimantation. On peut également nommer ces opposés la Terre Mère et Dieu le Père, bien qu'il soit important de comprendre que Dieu le Père ne signifie pas que Dieu soit un homme. Ce que cela signifie, c'est que la terre, la création ou Shakti, selon la terminologie hindoue, exprime le principe féminin. Le fondement de l'Etre, le plan essentiel à partir duquel se structure toute la création, est appelé Dieu le Père car il s'agit du principe masculin. N'oubliez pas que cela n'a rien à voir avec ce que nous entendons ordinairement par « homme » ou « femme ».

Les êtres humains ne peuvent servir que l'un de ces deux maîtres et pas les deux à la fois. Ou s'ils le font, ce ne sera pas une réussite. Une pianiste de concert ne peut être en même temps une première danseuse ; ce n'est pas une question de talent mais une question de temps, d'énergie et de concentration. Pour vraiment accomplir une chose, il faut s'y consacrer exclusivement. Telle forme d'expression n'a pas davantage de valeur que telle autre. La valeur ou la pureté de chaque forme d'expression ne dépend pas de ce que l'on fait mais de la motivation qui préside à nos actes.

Cela dit, si l'on sert Dieu le Père on sert aussi la Terre Mère, car c'est à partir du fondement de l'Etre qu'a jailli la manifestation. Si l'on sert la Terre Mère, on ne sert pas nécessairement Dieu le Père, sauf incidemment, en vertu du fait que la Terre Mère est une manifestation du fondement de l'Etre.

Dieu le Père est semblable à une femme enceinte qui le serait éternellement. La création est un être en perpétuelle gestation et en constante évolution. Par conséquent, servir la mère équivaut à servir le foetus puisque la santé non seulement physique mais psychologique de la mère affecte directement l'embryon. Cependant, servir le foetus ne servira qu'indirectement la mère. Cette dernière désire certes avoir un enfant en bonne santé mais le bien fait au foetus ne contribuera pas nécessairement à la santé physique et psychologique de la mère.

Il y a beaucoup de gens très bien qui servent la Terre Mère d'une manière efficace, concrète et pleine de sens. Je pense à Stephen Gaskin, qui a fondé une communauté dans le Tennessee. Il est allé en Amérique Centrale enseigner aux gens à faire pousser du soja et à utiliser au mieux la terre pour lui faire produire de la nourriture. Dans les quartiers les plus durs et violents du South Bronx, à New York, il a fondé un service d'ambulances et formé des secouristes capables de faire face aux urgences et d'emmener les gens à l'hôpital.

Certains de mes élèves participent à divers programmes médicaux, travaillent dans des hospices auprès des personnes âgées ou mentalement déficientes, et c'est très bien ! Il faut bien travailler et c'est là un travail utile. Mais en même temps, leur priorité n'est autre que le travail que nous accomplissons ensemble, lequel, de mon point de vue, sert le fondement de l'Etre plutôt que directement la Terre Mère.

Je ne jette pas d'ordures par la fenêtre de la voiture ni ne chasse pour le plaisir de tuer des animaux ; je ne mène pas une existence manifestement nuisible à la terre. En même temps, j'admets que cela procède chez moi d'une position personnelle. C'est en quelque sorte une excentricité. Toute mon attention est centrée sur la transformation des individus et non sur la préservation de l'écologie. Servir Dieu le Père, c'est faire en sorte que tel ou tel individu devienne littéralement un générateur ou transformateur d'énergie. Ce travail se fait en général sur un plan très personnel et non sur un plan universel. Ses effets sur l'univers sont bien réels sans pour autant être tangibles à ce niveau. Ce n'est que par voie de connaissance directe et non par des conséquences circonstancielles que l'on mesure les effets d'un tel travail.

Certaines personnes sont naturellement enclines à servir Dieu le Père. Certaines sont par contre naturellement enclines à servir la Terre Mère. Par exemple, telle personne sera portée vers la prière ou la contemplation et pourra, de ce fait, se trouver à l'écart du contexte social ordinaire. Pour d'autres personnes, toute forme d'isolation paraîtra atroce. Leur plus grande joie sera de faire les vendanges en compagnie de travailleurs itinérants, à moins qu'elles ne choisissent de servir la Terre Mère en aidant à la naissance d'un enfant, en chantant et en célébrant.

Quand vous décidez de travailler avec tel ou tel maître, il est utile de savoir si vous êtes porté à servir Dieu le Père ou plutôt la Terre Mère, car la plupart des Ecoles spirituelles et la plupart des maîtres se montrent très précis quant à leurs intentions et aux effets spécifiques de leur travail. Il se peut aussi qu'à certaines périodes de notre existence nous soyions plus enclins à servir l'un ou l'autre. Tout est une question de moment.

*
* *

Pour découvrir ce qu'implique par ailleurs la loi du sacrifice, il faut en revenir à la définition du mot lui-même : faire un sacrifice signifie « renoncer à quelque chose que l'on possède et qui nous est précieux ». Si une personne est financièrement très à l'aise, elle aura tout loisir de se consacrer à son propre développement sans devoir passer son temps à gagner de l'argent ou à se soucier du loyer. Donc, l'aisance financière a d'un certain point de vue des effets très positifs.

D'un autre côté, si cette personne en arrive à sacrifier son aisance, soit de son propre chef et pour un temps donné, soit à cause d'un effondrement boursier ou autre crise, il lui sera également très bénéfique sur le plan spirituel de devoir assurer sa subsistance par d'autres moyens que ceux auxquels elle était habituée.

Durant les voyages que j'ai fait en Inde avec des membres de notre communauté, nous aurions très bien pu louer des voitures et séjourner dans des hôtels un peu confortables ; au lieu de quoi nous avons choisi de vivre dans des endroits où, en tant que petits bourgeois américains habitué à leur confort, nous n'aurions jamais imaginé mettre les pieds. Cela n'est pas allé sans difficultés. Ce choix a fait lever beaucoup de résistances aux rats, aux insectes, par exemple. Mais une fois ces difficultés traversées, nous en avons retiré de réels bénéfices.

Cette dimension de la loi du sacrifice relève de l'intention consciente. Nous pouvons décider de faire des expériences sur le plan relatif et entreprendre des tâches qui nous obligeront à sacrifier notre confort. Gurdjieff parlait de « souffrance consciente ». Carlos Castaneda parle de la nécessité de se soumettre à un « petit tyran », quelqu'un dont la présence vous est une source constante d'irritation et de ce fait vous contraint à travailler. Entrepris avec l'intention juste, tout cela peut s'avérer précieux.

Cet aspect de la loi garantit une certaine sécurité : si vous prenez intentionnellement un travail sous les ordres de quelqu'un dont vous savez qu'il est un petit tyran afin de vous donner des occasions de progresser, vous pouvez toujours démissionner si la tension se fait trop forte. Par contre, en ce qui concerne l'autre aspect de la loi, celui selon lequel vous servez de nourriture à une réalité supérieure, vous êtes impuissant. Lorsque cette loi s'impose à vous et que vous devenez objet de sacrifice, vous ne pouvez en aucun cas l'empêcher.

*

* *

En tant que maître, j'ai acquis une certaine compétence ; mais ce savoir-faire est entravé par la volonté propre des élèves : sont-ils prêts à se soumettre consciemment à la loi du sacrifice, celle selon laquelle tout dans l'univers sert de nourriture à une réalité supérieure ? Néanmoins, l'Influence que je représente connaît toujours les forces et faiblesses d'un individu donné même si « je » n'en ai aucune idée, par « je » j'entends ma psychologie ou mon expérience pratique.

Donc, par exemple, si quelqu'un pose une question, Lee Lozowick peut l'entendre et sentir si la personne est sincère. Mais il ne peut guère plus. Par contre, l'Influence, elle, sait jusqu'où celui qui pose la question est prêt à aller, indépendamment de sa sincérité.

Reprenons et précisons ce point : en tant que maître, mon aptitude à générer des circonstances qui servent la loi du sacrifice est illimitée. En même temps, l'application pratique ou la manifestation d'un potentiel illimité est directement limitée par la réceptivité inconsciente des élèves : jusqu'à quel point sont-ils disposés à « manger » la nourriture que je leur dispense ?

Cette dynamique peut donner lieu à de grandes frustrations : quand un élève se croit prêt, il en est vraiment persuadé ! Sa conviction se fonde en général sur l'observation honnête d'au moins un élément de sa conscience ; le problème étant qu'il ne tient pas compte de tout le reste. Néanmoins, Celui pour lequel je travaille ne commet jamais d'erreur de jugement : Il sait jusqu'à quel point l'élève a intégré sa connaissance. Celui pour lequel je travaille tient compte de tous les éléments dans tous les domaines, voit exactement jusqu'à quel point ils sont intégrés et sait si telle ou telle approche s'avérera fructueuse.

Il y a dans cette voie une dimension qui demeurera toujours mystérieuse. Il faudra toujours un certain degré de foi. Si l'on travaille avec moi, on doit admettre que j'ai mes opinions et idiosyncrasies, mais que l'Influence, elle, ne se trompe jamais.

L'enseignement n'est pas une activité à laquelle je m'adonne entre deux films et une sieste. Il s'agit d'un travail absolu. Je n'ai aucune vie propre. Je n'ai littéralement pas une minute de répit et ma vie consiste à être en relation avec mes élèves. C'est un cercle clos. Si je ne donne pas des choses à faire aux gens, cela ne procède pas d'un choix arbitraire et personnel. Quand un maître n'a aucune vie en dehors de sa relation avec ses élèves, c'est l'Influence qui prend les décisions.

Dialogue à propos de l'abandon

Question : J'ai l'impression d'en savoir bien assez pour que ma vie fonctionne correctement. Mais il y a une chose que j'évite : m'en remettre à une personne qui me serait un relais vers l'abandon à Dieu. Je me suis mis en quête, j'ai beaucoup appris ici et là. Je pratique, et cependant, il y a toujours quelque chose qui manque dans ma vie et je ne sais pas exactement de quoi il s'agit ou ce qui me retient. Je sais en tout cas que c'est là la seule chose qui m'intéresse aujourd'hui.

Mr Lee : Ce que vous dites est tout à fait sensé. Vous avez de la chance. Que croyez-vous que cela vous coûterait de vous en remettre à quelqu'un ? Pratiquement, à quoi pensez-vous devoir renoncer ? A la beauté, à l'amitié, au respect, au maquillage de qualité supérieure ?

Q : L'année dernière, j'ai fait un rêve : je devais renoncer à tout ce qui me donne de la force. Je savais que je ne pouvais continuer à gagner ma vie de la manière dont je la gagne aujourd'hui. Mais je suis très attachée à ma sécurité.

Mr Lee : Donc, il vous faudrait quitter votre travail et ne plus rien faire ? Ne pensez-vous pas que si vous laissiez votre boulot, quelque chose d'autre se présenterait ?

Q : La logique me dit que quelque chose se présenterait mais l'émotion me dit autre chose...

Mr Lee : Croyez-vous que vous pourriez vous abandonner sans être certaine que quelque chose d'autre se présente ?

Q : je pense que je le pourrais, mais je ne le fais pas. Je peux concevoir qu'on le fasse mais cela me fait peur. J'ai peur de me retrouver seule.

Mr Lee : Qui n'aurait pas peur de la solitude ? Moi aussi, j'en ai peur. Chaque jour, je me réveille le matin, je tire les couvertures sur ma tête et me dis : « oh merde, encore une journée à tirer ! » Vraiment !

Si vous vous abandonnez, sans doute vous sentirez-vous seule, plus seule que vous ne l'avez jamais été, car l'abandon authentique est une chose que vous ne pouvez partager qu'avec très peu de gens. Ceux qui comprennent vraiment de quoi il s'agit sont si rares que vous vous trouverez très seule. Je suis navré de vous brosser un si noir tableau. Ce serait malhonnête de ma part de vous faire croire que tout sera rose.

Q : Tout cela ne me dit rien qui vaille.

Mr Lee : Parfait ! Au moins il se passe quelque chose. Seul un sadique trouverait cette perspective souriante. Jésus-Christ a dit : « suivez-moi ». Il ne s'est pas assis en disant : « écoutez, les gars, il faut qu'on parle. Voilà, j'ai besoin d'un coup de main et ça me ferait vraiment plaisir que vous m'aidiez. » Il a dit : « Suivez-moi. Et si ça ne vous dit rien d'aller là où je vais, tant pis pour vous ! Suivez-moi. »

Cela dit, l'abandon n'est pas une chose à laquelle vous pouvez vous entraîner. Impossible de se dire : « bon, je sais très bien de quoi il parle, je veux y arriver et j'y arriverai. » Impossible ! Cela demande davantage qu'une simple ouverture. Il faut une sorte d'inspiration pour se rapprocher du réel. Si toutes les conditions se trouvent réunies, il se peut que quelque chose arrive, mais l'abandon ne saurait être provoqué, ni par moi ni par vous.

Quand vous parlez d'abandon, vous dites ne pas savoir de quoi il s'agit, mais je ne suis pas d'accord. Si vous ne le saviez pas, vous ne désireriez pas tant vous abandonner ! La résistance que vous opposez à l'abandon obscurcit votre conscience de ce dont il s'agit et vous permet d'éviter à grand renfort de rationalisations les circonstances dans lesquelles il deviendrait possible.

Q : J'ai peur de trop m'abandonner.

Mr Lee : C'est impossible de trop s'abandonner. Si l'on a l'impression de s'être « trop abandonné », cela veut dire que l'on ne s'est jamais abandonné. Il y a là l'une des pires formes de complaisance envers soi-même. L'auto-complaisance peut se manifester en tant qu'arrogance, tendance à trop se protéger, ou encore en une certaine forme d'indépendance. Mais elle peut aussi prendre le masque d'un pseudo-abandon, de la servilité, de la faiblesse et d'une mentalité de « suiveur ».

Seul l'abandon véritable vous fait réaliser à quel point ce que vous preniez auparavant pour de l'abandon n'était qu'une stratégie. Ce n'était qu'une autre expression de la dynamique de l'ego. Mais ne pas s'abandonner quand l'occasion vous en est donnée, c'est renforcer encore toute cette stratégie.

Il se peut que l'abandon n'aille pas sans difficulté, sans douleur, sans un dur travail. Quand on s'abandonne, on en arrive à ressentir davantage de compassion pour tous les êtres, si bien que l'on souffre plus. Il n'y a pas moyen de l'éviter. Mais en même temps, on ne souhaite jamais que les choses soient autrement que ce qu'elles sont.

L'abandon ne procède pas de la dualité. Il n'y a plus personne pour souhaiter que les choses soient différentes. Le problème avec l'abandon, c'est que du point de vue dualiste, il apparaît comme une sorte d'extinction. La personnalité, laquelle, par sa nature même, est dualiste, pense qu'être non-dualiste équivaut à disparaître. Elle pense que l'individualité, l'indépendance et tout ce qui nous rend unique vont être balayés. Mais ce n'est pas vrai. Même Swâmi Nityananda, en Inde, était un individualiste extraordinaire. Personne ne grognait comme lui ! Il restait assis toute la journée avec son gros ventre plein de Shakti, grommelait après les gens et poussait de temps à autre un grognement. Et il parlait beaucoup, quoi qu'en disent certains de ses suiveurs. En particulier, il parlait beaucoup aux enfants.

Si on pouvait simplement s'abandonner et demeurer dans cet état, on réaliserait que l'on est devenu davantage soi-même : en effet, voilà que tout d'un coup, il nous devient possible de faire de vrais choix. Avant l'abandon, tous nos choix sont absolument dictés par la stratégie de survie. Aux yeux de l'ego, l'abandon n'apparaît pas comme un processus gracieux et agréable.

Q : O.K., mais comment commence-t-on ? Comment s'engager dans ce processus d'abandon ?

Mr Lee : Regardez l'environnement qui vous attire, par exemple le contexte que forment des élèves autour d'un maître et vous sentirez si l'abandon vous paraît possible au sein de cet environnement. Peu importe que vous pensiez ou non en être capable. S'il vous semble que cet endroit recèle ce potentiel, décidez de vous inclure dans cet environnement.

Vous commencez à y participer. Vous notez quel effet l'environnement produit sur vous avec le temps. Une fois de temps en temps, vous voyez où vous en êtes vous-même eu égard à cette question de l'abandon. C'est important, car dans un environnement tel que celui d'une Ecole spirituelle, le changement se produit lentement mais sûrement, un peu comme la croissance d'un enfant. Si vous voyez un enfant tous les jours, vous ne le voyez guère changer. Mais au bout de six mois ou d'un an, cela devient tout à fait évident. Donc, posez-vous la question, encore et encore : « est-ce qu'être ici m'est bénéfique ? » C'est simple. Ne vous demandez pas en quoi cela vous est bénéfique mais seulement : « est -ce que cela a une valeur ? » Et de temps à autre, posez au maître la question de l'abandon afin que nul n'oublie que c'est cela que vous désirez vraiment.

Puis attendez et continuez à travailler. D'après mon expérience, beaucoup de gens vont poser et reposer la même question pendant des années jusqu'à ce que tous les éléments soient réunis. Alors il suffit d'une petite touche pour qu'ils aient leur réponse.

En ce qui vous concerne, je dirais que votre question à propos de l'abandon est tout à fait honnête. Ce n'est pas simplement un écho de vos lectures ou la manifestation d'une curiosité. C'est mue par un sentiment d'urgence que vous en êtes arrivée là. Mais ce qui me frappe aussi, c'est que vous avez beaucoup à protéger. Le style de vie que vous avez choisi vous a fait développer une armure incroyablement complexe. Dans votre cas, la question de l'abandon ne sera pas réglée en deux temps, trois mouvements ; mais une chose est sûre : cela vaut la peine de s'en occuper, quel que soit le prix à payer !

Le temps ne va pas ralentissant. Nous n'avons certes pas tout le temps, même si « nous » ne mourons pas lorsque le corps périt. Il se peut qu'à la mort de cette forme, nous oublions tout ce que nous avons appris durant cette vie. Ce ne sera peut-être pas le cas mais nous ne disposons d'aucune garantie dans un sens ou dans un autre. La seule possibilité d'oublier tout ce que nous avons appris devrait nous inspirer à travailler très dur tant que nous sommes vivants. Mon Dieu, qui voudrait recommencer à zéro ? Vous voyez ce que je veux dire ? Dans votre prochaine vie, peut-être ne ferez-vous pas, comme aujourd'hui, partie des privilégiés, des gens beaux, intelligents et aisés. Peut-être serez-vous toute déformée, toute tordue ou débile. C'est déjà assez difficile de faire un travail spirituel dans les conditions présentes...

Il est vraiment impératif que nous ne perdions pas de temps. D'un autre côté, tout ce que vous avez fait jusqu'à présent pour éviter de vous abandonner pourra s'avérer très utile à titre d'expérience : vous avez peut-être des talents et des dons que vous pourrez utiliser quand vous serez passée de l'autre côté. Les gens doués pour l'enseignement et je suppose que vous l'êtes restent doués pour l'enseignement. Tout au plus vont-ils enseigner autre chose.

En ce qui me concerne, avant d'entreprendre ce genre de travail, j'enseignais le Silva Mind Control. J'avais des milliers d'étudiants et chaque fois que je donnais un séminaire, des centaines de gens venaient. Quand j'ai commencé ce travail, j'ai invité tout le monde à une réunion pour expliquer en quoi mon travail avait changé. Sur les milliers de personnes, seule une centaine est venue. Et sur cette petite centaine, trente-cinq seulement sont restés. C'était au moins un début. Mais l'enseignement, c'est l'enseignement. C'était mon boulot. On m'a simplement demandé d'enseigner autre chose.

Le fait que votre question soit maintenant si pressante indique que tout retard dans l'action sera une perte de temps. Si cet environnement que je représente n'est pas celui dans lequel il vous deviendra possible d'agir, je vous souhaite de très vite trouver le contexte qui vous convient et je me ferais un plaisir de vous recommander là où vous poserez votre candidature. Si par quelque caprice du destin, ce contexte-ci devient le vôtre, nous aurons vous et moi quelques bons affrontements, entre deux éclats de rires. Je suis en train de plaisanter et de rire avec vous, mais je sais ce que vous voulez et je sais qu'il ne s'agit pas d'une plaisanterie. Croyez-moi, je prends tout cela très au sérieux.

X

POSER LA VRAIE QUESTION

Souvent, le maître ne répond pas vraiment à une question : il aide plutôt l'élève à la redéfinir jusqu'à ce qu'elle devienne cruciale et puisse constituer une véritable base de travail. Cette manière de s'y prendre maintient la pression. L'un de mes amis enseignait autrefois une forme de massage qui déséquilibrait délibérément le système nerveux. Il considérait que l'équilibre nous maintient dans une satisfaction qui nous empêche de poser nos vraies questions. Le déséquilibre, au contraire, est un constant facteur d'irritation : il nous oblige à trouver une solution pour mettre fin à l'irritation.

En réalité, il n'y a qu'une seule question et si quelqu'un aborde cette question avec une précision totale, la réponse est immédiate et évidente. La question n'a pas même besoin d'être formulée.

Quand je sollicite des questions, je cherche toujours le genre de questions auxquelles je peux répondre par une autre question. Je veux vous aider à en arriver à la question de fond. Mais cela ne se produit pas très souvent. En général, les questions que posent les gens sont d'honnêtes tentatives d'obtenir davantage d'informations, et j'y réponds dans l'esprit dans lequel elles ont été posées. Mais je ne cesse de lancer mon hameçon à la recherche d'une plus grosse prise propre à susciter un vrai travail.

Il se peut que vous ayiez une vraie question et que vous soyiez sincère en la posant, mais si cette question ne vous rend pas vulnérable et ne vous met pas dans un état d'irritation, la réponse que je vous donnerai ne saurait vous être réellement utile. Ce n'est pas gratifiant pour le maître de travailler sur cette base avec un élève. Il est vraiment rare que vos questions aient l'intensité nécessaire pour attirer une réponse vraiment utile. Il y faut un réel malaise et même une forme de désespoir. Or, les gens qui réussissent dans le monde n'ont pas trop envie de se déstabiliser afin de devenir vulnérables.

Les vraies questions seront peut-être formulées de manière maladroite car elles participent de l'attention plutôt que de la curiosité. Si je dis à quelqu'un : « voilà une bonne question », ce n'est pas parce que la question a été bien préparée puis formulée de manière intelligente et claire, mais parce que je sens toute l'attention dont elle procède. Donc, même si celui qui pose la question ne parle pas un mot d'anglais et qu'il faut passer par la traduction, je sens qu'il s'agit d'une bonne question avant même qu'elle me soit traduite. Avant d'avoir ouvert la bouche, ce que jai ressenti en écoutant la question me dit si celle-ci est bonne. Je peux aussi juger de la valeur d'une question à la manière dont j'y réponds : suis-je en train d'éprouver de l'intérêt ou au contraire de l'ennui ? Lorsque je suis intéressé, la réponse s'avère toujours saisissante, pas nécessairement pour celui qui a posé la question mais pour une des personnes présentes. Par contre, quand je m'ennuie, je peux y mettre un peu de passion mais ce ne sera jamais vraiment une «bonne» réponse.

Il arrive que les élèves de longue date se sentent très frustrés : en effet, lorsque de nouveaux venus posent des questions, je leur accorde parfois une attention dont les « anciens » n'ont pas bénéficié depuis des années. Souvent, les nouveaux venus abordent la voie avec beaucoup d'innocence et de vulnérabilité. Vous connaissez la chanson : « Les insensés se précipitent là où les anges n'osent aller »... Les anciens, les élèves plus mûrs, sont aussi des insensés, mais passer du statut d'insensé innocent à celui d'insensé conscient ne se fait pas sans tensions et douleurs. Les élèves de longue date se méfient. Vient souvent un moment dans la pratique ou on se tient un peu à distance et où l'on se méfie. Non que l'on veuille faire autre chose. De toute façon, il n'y a rien d'autre à faire. Mais les anciens sont conscients du prix à payer.

Les nouveaux venus, par contre, ne savent pas où ils mettent les pieds. Ils ne savent pas ce que ce travail coûtera à leur ego. S'ils font preuve d'une certaine résistance, elle ne vient en général pas du coeur mais plutôt d'un préjugé intellectuel, d'une méfiance envers les gourous...

Vous pourrez souvent noter de grandes différences dans ma manière de répondre aux questions, même si ces questions paraissent toutes très sincères, délibérées et honnêtes. Ce n'est pas parce que quelqu'un se tient tout tendu sur son siège, a l'air d'être particulièrement attentif et prêt à exploser s'il n'obtient pas une réponse, que la question procède d'une véritable attention. L'intellect s'y entend à imiter des sentiments, à tel point que vous pouvez vous croire passionné alors que vous êtes tout bonnement la proie d'un élan romantique sans lendemain, que votre « ferveur » n'est qu'une illusion creuse.

Les questions que vous posez devraient jusqu'à un certain point vous permettre de décider si le maître n'est qu'un menteur et un opportuniste où s'il y a là quelque chose de vraiment précieux. L'Amérique et l'Europe regorgent de maîtres qui ne sont que des salopards. Que dire d'autre à leur sujet ? Ce sont de parfaits escrocs. Ce qui ne les empêche pas d'être parfois très malins, très intelligents, de connaître les paraboles et même de dire de temps à autre des choses sensées. Reste que je vous conseille de bien vous protéger, de garder la main sur votre portefeuille et de ne pas les laisser approcher vos enfants.

Qu'un maître fasse preuve d'intelligence ne garantit pas qu'il soit intègre. Quiconque est capable de sortir du lot et de se présenter comme maître sera forcément quelque peu intelligent. Au lieu d'évaluer mon intelligence, vous devriez chercher à voir si mon intention est de vous servir ou au contraire de profiter de vous. Je ne vous aiderai pas. Je veux dire par là que je ne vous faciliterai pas la tâche. Pour me mettre à l'épreuve, je veux qu'il vous faille vous donner un peu de mal.

J'essaierai de me montrer quelque peu rusé, quelque peu provocant, en espérant que si vous avez une vraie question ou ressentez quelque chose de vrai, vous vous lancerez au lieu de rester tranquillement assis.

Quelques questions

Q : Sommes-nous égaux ? Que faudrait-il pour que nous le soyions ? Si j'apprends de vous, pouvez-vous apprendre de moi ?

R : Dans notre relation, nous nous nourrissons l'un l'autre. Je peux vous donner une certaine nourriture, cependant qu'individus et circonstances me nourrissent également, me fournissent de quoi aller plus loin. Ce n'est pas que « j'apprenne » de vous, car je n'ai plus vraiment quoi que ce soit à apprendre. Bon, je peux apprendre à jouer de la flûte, à peindre ou à faire la cuisine, ce ne sont là que des à-côtés de l'existence que l'on cueille au fur et à mesure que l'on va son chemin. Mais en réalité, il n'y a qu'une seule chose à apprendre : la Vérité. Dans la réalisation de la Vérité, les distinctions n'ont plus cours. Tout est connu directement et il n'y a donc rien à en dire.

Q : Vous vous montrez assez critique à l'égard de l'occultisme, des sciences parallèles. Pourquoi ?

R : Autrefois, je tirais les tarots et cela me passionnait. Mais j'en suis arrivé à être très frustré : je tirais le tarot à quelqu'un, lui formulais certaines suggestions extrêmement justes et précises, et la personne faisait exactement le contraire de ce que les cartes lui avaient recommandé. Puis elle revenait me voir et me disait : « Ah, mais ce n'est pas ce que vous m'avez dit. » J'ai alors commencé à enregistrer les séances, mais les gens perdaient les cassettes...

J'ai fini par ne plus tirer les tarots. Cela me rendait fou que les gens entendent le contraire de ce que je leur disais. Je prenais la peine de parler très clairement, très précisément, les gens me regardaient, hochaient la tête d'un air entendu en me disant : «je comprends»... Quand vous prédisez l'avenir aux gens, cela leur paraît très réel. Puis cet avenir se réalise et d'un seul coup ce n'est plus l'avenir qu'ils avaient cru entrevoir six mois auparavant quand vous le leur prédisiez.

Je faisais aussi des thèmes astraux. Donc, quand je critique ce genre de démarches, je sais de quoi je parle. Non que les lois et principes sur lesquels se fondent ces disciplines ne soient pas vrais, bien au contraire. Mais les êtres humains ont tellement tendance à se servir de vérités métaphysiques pour excuser leurs comportements méprisables que cela m'en a dégoûté.

J'ai arrêté de faire des thèmes astrologiques parce que les gens, d'un côté paraissaient vénérer l'astrologie et de l'autre refusaient de prendre au sérieux ce qu'elle pouvait leur indiquer. C'était tout bonnement trop frustrant. Et puis il y avait la tendance quasi universelle de ceux qui tirent les cartes ou font des thèmes à manipuler les autres, à user de leur pouvoir pour servir leur propre névrose. Vous savez à quel point les gens sont impressionnables quand ils ont foi en quelque chose. L'astrologue fait : « hum, hum... » La personne s'écrie « quoi, qu'est-ce qu'il y a ? » Et l'astrologue répond : « oh non, rien... »

Ce petit échange peut à lui seul influencer quelqu'un bien au-delà de tout ce que l'astrologue pourra dire ensuite. La tendance des gens qui travaillent dans la relation d'aide à toujours voir le côté sombre des situations plutôt que l'aspect lumineux constitue un grave problème.

Q : N'y a-t-il pas un risque du même ordre dans la façon qu'on les gens de se situer par rapport à vous en tant que maître ?

R : Il est évident que mon travail comporte à cet égard des risques extrêmes. En tant que maître, j'essaie d'enseigner quelque chose d'aussi scientifique que l'astrologie car l'astrologie est vraiment très scientifique ; il ne s'agit pas d'une vue de l'esprit. Mais la voie ne dispose pas des fondements tangibles tels que, par exemple, les calculs sur lesquels repose l'astrologie. La base scientifique de mon travail tient à des éléments que notre éducation que nous a pas préparés à reconnaître. Le système éducatif par lequel la plupart d'entre nous sommes passés ne traite pas de ces sujets-là.

Lorsque les gens ont envie de se consacrer à ce travail et de faire confiance à mon jugement en tant que maître, il importe qu'ils soient conscients de leur propension à être facilement blessés ou influencés, laquelle découle directement du fait de donner sa confiance. Durant les moments que nous passerons ensemble, il faudrait donc que vous soyiez attentif : voyez si j'essaie de profiter de votre tendance à vous laisser influencer ou si, au contraire, j'en assume les conséquences et la décourage de toutes les manières possibles.

Q : Je ne sais vraiment pas pourquoi je suis ici, mais je sais que si vous êtes relié à Dieu, je ne puis me permettre de ne pas être là.

R : Eh bien, j'espère qu'avant la fin du weekend, vous aurez tiré cela au clair. Cela ne me ferait pas de mal d'avoir votre confiance.

Tôt ou tard, tout le monde devrait voir les choses ainsi : si je suis vraiment relié à Dieu, vous ne pouvez vous permettre de regarder ailleurs. A cet égard, je veux bien être mis à l'épreuve, défié, questionné... mais je vous en prie, ni croix ni clou !

C'est faire un grand pas que de s'engager auprès d'un maître et il ne faut pas s'impliquer à la légère. La forme est souvent trompeuse. Vous connaissez le vieil adage : ne jugez pas un livre à sa couverture. Ce qu'il vous faut découvrir, c'est le sentiment que rien ne « sonne faux ». Pour aborder les choses sous un angle plus positif, disons qu'il faut vous sentir en résonance avec l'être du maître, quels que soient son langage, son style de vie, ses attitudes, etc.

En ce qui me concerne, quand je suis chez moi, je ne range pas tous mes vêtements, je ne plie pas bien proprement tout le linge, etc., etc. Néanmoins, je suis totalement responsable vis-à-vis de mes élèves. Voilà un fait qui mérite d'être vu et noté. Par nature, je suis assez paresseux. Je ne fais pas beaucoup d'exercice, je préfère rester chez moi à lire un livre que de sortir pour aller visiter des églises, des chefs d'oeuvres architecturaux, des musées et autres choses merveilleuses. Mais quand il s'agit de travailler avec mes élèves, je ne suis jamais paresseux. C'est le genre de distinctions et d'observations qu'il vous faudra faire afin de vérifier à quel point le maître assume sa responsabilité à votre égard.

« Moi », je n'ai pas besoin que l'on me fasse confiance ; c'est à ce que je représente qu'il importe de faire confiance, et il vous faudra en arriver à sentir ce dont il s'agit.

Q : Mais n'avez-vous pas dit auparavant que c'était vous le maître et qu'il nous fallait bien vous faire confiance ?

R : Non. Il importe de comprendre que quand je dis « moi », je désigne ce que génère ma présence dans cette pièce. Je ne désigne pas le type présentement assis en face de vous. Souvent, celui-là n'est qu'un merdeux.

Q : Je vous ai observé lors d'une conférence publique tandis que les gens hurlaient après vous et quittaient la salle. J'ai eu l'impression que ce qui se produisait vous déstabilisait. Est-ce vrai ?

R : J'étais très excité par la soirée. L'énergie générée là-bas me paraissait plus expérimentale que celle d'aujourd'hui et j'aime quand les choses se passent ainsi. Souvent, dans ces circonstances que je qualifie « d'expérimentales », où tout peut arriver, je puis me sentir entravé dans un certain élan ou dérouté d'une manière ou d'une autre. L'un des principes essentiels de cette voie est que si vous vous abandonnez à ce que je nomme l'influence divine, ou la volonté de Dieu, celui que vous êtes, votre énergie et tous les aspects de votre personnalité deviennent l'instrument de ce processus. Ce qui ne veut pas dire que vous allez toujours tout contrôler. Parfois, cela implique même tout l'opposé. Vous allez perdre le contrôle, parce que telle est la dynamique propre à pousser l'expérience en cours à son maximum.

Quand je suis déstabilisé, les pensées habituelles générées par le mental peuvent jaillir : « tu t'égares, reprends le contrôle... » Mais survient en même temps la conscience que l'essentiel n'est pas de reprendre le contrôle : l'essentiel est de s'en remettre à la volonté de Dieu. Si je suis vraiment abandonné à la volonté de Dieu, rien de ce qui arrive ne peut nuire à mon travail ou polluer l'espace dans lequel je me trouve. C'est tout simplement impossible.

Si, par contre, je m'illusionne, alors cela me sera très clairement signifié. Les circonstances se ligueront très efficacement pour miner ou détruire les entreprises dans lesquelles je me crois engagé. Dans l'enseignement de Werner Erhard, il y a un dicton : « la réalité est dure, obstinée et elle vous bottera toujours le cul ». L'objet de cette voie n'est pas de transcender la réalité, laquelle est un processus légitime dans lequel nous nous trouvons de toute manière impliqués. Si vous êtes vraiment engagé sur cette voie, quand vous vous ferez botter le cul et cela ne manquera pas d'arriver, puisque « la réalité est dure, obstinée et vous bottera toujours le cul », cela vous sera égal : vous y verrez un effet de la voie, un processus tout à fait légitime.

Mais si vous n'êtes pas vraiment engagé sur cette voie et que l'on vous botte le cul, vous n'aimerez pas ça du tout. Vous allez vous battre bec et ongles, ce qui n'empêchera pas la réalité de vous botter quand même le cul, quels que soient vos efforts pour lui résister.

L'important n'est pas de contrôler. L'important, c'est d'incarner ce qui est demandé et nécessaire, où et quand c'est nécessaire. Il s'agit de fournir aux circonstances particulières la nourriture dont elles ont besoin, et non de leur imposer ce que vous aimeriez ou de projeter sur elle votre manière de voir les choses. Ce qui importe, ce ne sont pas tant les *actions* que le *contexte* à l'intérieur duquel ces actions sont accomplies.

Il était une fois un maître zen nommé Ikku. Son monastère se trouvait juste en face d'un bordel.

Ikku passait des heures assis en méditation et quand il avait fini, il se levait et traversait la rue vêtu de sa robe de moine pour aller au bordel rendre visite aux femmes. Il buvait, leur écrivait des poèmes, leur faisait la lecture et leur enseignait le zen. Puis c'était à elles d'exercer sur lui leur forme de poésie. Et cependant, je ne pense pas que tous les clients de ce bordel aient pu être tenus pour des maîtres zen. L'acte était pourtant le même. La différence ne tenait qu'au contexte.

Q : Je sais que les Bâuls sont connus pour leur utilisation de l'énergie sexuelle. Pouvez vous conférer une initiation en cette matière ?

R : Je demande aux gens à qui je donne des instructions spécifiques quant à la transformation de l'énergie sexuelle d'avoir payé un certain prix. Je veux qu'ils soient engagés depuis au moins quelques années dans une relation de couple profonde et réussie. Que signifie « être engagé » ? Vous êtes avec *une seule* personne et, selon le principe traditionnel des voeux, avez la ferme intention de rester à jamais avec elle, quoi qu'il arrive. Etre engagé signifie que le climat de votre relation à votre compagnon ou compagne est à peu près le même que celui qui préside aux rapports entretenus avec vos parents ou vos enfants. Vous ne remettez jamais en cause le fait que vos enfants sont vos enfants ou vos parents vos parents.

En général, dans une relation de couple, les gens se disent : « si ça ne marche pas, je trouverai quelqu'un d'autre ». Pourtant, nous ne nous imaginons pas lançant à nos enfants : « si tu n'as pas de bonnes notes, je trouverai un autre enfant... » Peut-être nous arrive-t-il une fois de temps en temps de dire des choses de ce style, tant les enfants peuvent être crispants, mais enfin, cela ne va pas loin...

Etant donné la concupiscence tous azimuts des Occidentaux, hommes ou femmes, il est évident que fort peu de gens vivent ce genre de relation, y compris dans la communauté. Quand tel est le cas, les enseignements que je dispense ont d'abord trait aux subtilités de l'attitude intérieure et non à ce que les organes génitaux pourraient faire mécaniquement.

Q : Que voulez-vous dire par « attitude intérieure » ?

R : La manière dont il faut se situer par rapport à la relation, la façon dont on la ressent, plutôt que ce que l'on en fait.

Q : Quels avantages une relation de longue date présente -t-elle dans la perspective d'une transformation de la sexualité ?

R : Plus nous avons de l'énergie à notre disposition, plus nous sommes à même de servir, sur un plan physique. La façon dont la sexualité est couramment vécue entraîne de grandes dépenses d'énergie. L'énergie ainsi gaspillée ne peut plus être utilisée pour la vénération, l'adoration, la prière.

La prière n'est pas un processus statique et froid. C'est quelque chose de fort, de très actif et énergique, à l'image du fou errant qui parcourt l'Inde, chantant et dansant à la louange de Dieu.

Dans bien des cultures amérindiennes, on ne devient pas le chaman de la tribu par un cursus d'études rationnelles, mais en devenant fou. La folie nous fait basculer dans le monde de l'ombre, le monde souterrain, et nous oblige à l'apprivoiser. On peut très bien rencontrer les mondes supérieurs sans disposer de beaucoup d'énergie, car dans ces mondes on se trouve porté, voire transporté. On n'a pas à gravir l'échelle mystique, on est attiré vers le haut. Mais pour faire face au monde souterrain, qui est l'un des trois monde du royaume humain, il faut beaucoup d'énergie, de force... Il en faut pour se confronter directement à la peur, aux conflits, à la colère, à la violence, à la maladie et autres éléments du monde souterrain.

Prenons l'exemple du mythe d'Amour et Psyché. Psyché tomba amoureuse d'Amour et il lui fut demandé de ne jamais poser le regard sur lui. Elle finit cependant par le regarder et fut maudite, envoyée en enfer d'où elle parvint finalement à revenir à son amant. Cette libération nécessita une quantité d'énergie quasi-surhumaine.

Quand on demande à un chaman d'effectuer une guérison, il se rend dans le monde souterrain, traite avec les esprits de la maladie puis revient. En l'absence d'une énorme réserve d'énergie, une personne lâchée dans le monde souterrain ne pourrait jamais retrouver son chemin vers la surface. Mais avec de l'énergie, simplement assez d'énergie, même si l'on n'est pas très subtil, on peut s'en sortir.

C'est dans le journal intime du danseur Vaslev Nijinski que l'on trouve l'une des confessions les plus passionnées à propos du rapport entre l'énergie sexuelle et le travail spirituel. Nijinski ne disposait pas d'une vaste matrice dans laquelle appliquer l'énergie qui l'habitait, si bien qu'il sombra dans la folie. Bien qu'il fut la plupart du temps un fou dangereux, il connaissait parfois, entre deux accès de démence, des moments d'extrême lucidité. Quand il était lucide, il l'était vraiment, autant qu'un grand maître tel que Jésus ou Bouddha. Dans ces moments, il *savait*. En anglais, nous employons le mot « lunatic » pour désigner les cinglés. Ce mot « lunatic » se réfère à la lune, autrement dit à des dynamismes énergétiques trop subtils pour que la plupart des gens en soient conscients. Voilà ce qu'était Nijinski : un « lunatic ». Il était conscient de son rapport aux mouvements de l'énergie.

Q : Comment transformez-vous l'énergie sexuelle ? Est-ce que vous enlevez ou ajoutez quelque chose ? Fabriquez-vous de l'or, vous adonnez-vous à la magie ?

R : Nous transformons le métal en or. Nous n'ajoutons rien quoique certains hommes dans la communauté aimeraient bien que nous puissions ajouter quelques centimètres...

Techniquement, une bonne part de la littérature tantrique disponible sur le marché traite de la rétention de l'orgasme et autres aspects superficiels. L'orgasme requiert une incroyable dépense d'énergie. J'ai découvert que la plupart des hommes se sentent mieux si leur partenaire hurle, gémit, pleure et se débat. La façon dont l'homme se situe à l'égard de l'énergie transformatrice de la relation dépend pour une grande part de ses besoins non seulement physiologiques mais psychologiques à l'égard des femmes. Les hommes comme les femmes doivent apprendre à lire dans les yeux, à voir ce qui s'inscrit dans l'aura, bien au-delà de ce que le corps désire ou manifeste.

C'est un principe de base que de conserver l'énergie de l'orgasme. Cette énergie une fois contenue, l'apprentissage en matière de transformation de l'énergie sexuelle consiste entre autres à apprendre au corps à la recycler. Cela représente beaucoup d'énergie, il y a de quoi se sentir facilement tendu, sous pression. Premièrement, il importe de comprendre que la rétention de l'orgasme ne signifie pas son élimination. Deuxièmement, je ne conseille pas que l'on retienne ses orgasmes pour, d'un autre côté, faire de l'hyperventilation ou participer à un triathlon une fois par semaine.

Q : Comment le corps apprend-il ?

R : Le corps apprend, pas le mental. Voilà une distinction d'une extrême importance. Prenons un exemple. Dans cette Ecole, nous avons une Canadienne qui était autrefois pianiste de concert. A huit ans, elle faisait déjà des tournées au

Canada en tant qu'enfant prodige. A quatorze ans, elle se trouvait à Vienne pour étudier avec le meilleur professeur de la ville. Cependant, elle abandonna les tournées afin de travailler avec des maîtres spirituels. Quand elle arriva dans mon école, pendant cinq ou six ans, elle ne toucha pas un piano. Puis, un jour, elle en loua un et se remit à jouer. Elle dit que son jeu était meilleur après cinq ans d'interruption que du temps où elle tournait et pratiquait huit heures par jour.

Pendant ces premières années passées dans la communauté, son corps apprenait en profondeur, bien en-deçà de ce qu'elle pouvait observer en surface. Elle se contentait de travailler dur, de pratiquer de son mieux et de se confronter intensément à ses émotions. Tout ce processus dispensait un enseignement à son corps. Son corps en était conscient mais le mental était incapable de s'en rendre compte.

Quand on lui dispense une bénédiction, le corps le sait. Il se peut que l'esprit et l'intellect le sachent comme il se peut qu'ils n'en sachent rien. Les définitions ont une certaine valeur, de même que l'approche purement intellectuelle. Reste que dans nombre de domaines, cette dernière n'est d'aucune utilité, si appréciable et plaisante qu'elle soit par ailleurs. Tout est une question de temps, et c'est là que j'interviens. Dans ce type de travail, le moment approprié est presque plus important que la connaissance.

Ma relation au Divin consiste à m'en remettre à ce qui cherche à se manifester en tant que volonté de Dieu. Je me suis rendu compte que j'avais la faculté inconsciente de fournir aux gens des circonstances de travail propres comme aucune autre à dispenser un enseignement à leur corps. Je ne suis pas dénué d'intelligence et, en même temps, il y a bien des facettes de ce processus auxquelles je ne comprends rien intellectuellement. Mais cela n'a pas d'importance. Je puis sentir la justesse de ce que je donne aux gens, de même que je puis sentir que quelque chose ne va pas si je ne fournis pas exactement à un individu donné les circonstances qu'il lui faut.

Mon travail en tant que maître ne se fonde pas sur des efforts de volonté. Le travail que j'effectue avec les gens et qui dispense un enseignement au corps, se fonde sur une réponse inconsciente aux nécessités ultimes engendrées par les circonstances. Le processus divin travaille à travers moi. Je ne suis qu'un canal pour cette bénédiction.

Q : Lorsque l'on goûte un moment de liberté... un moment dans lequel on opère en dehors du fonctionnement mécanique habituel... peut-on dire à ce moment-là que l'on est heureux ?

R : Bonne question. Essayons de définir le bonheur.

Aux yeux de l'ego, être heureux, c'est exercer un contrôle. Par exemple, nous désirons quelque chose et réussissons à satisfaire ce désir : nous sommes donc heureux. Peut-être s'agit-il là du bonheur véritable... c'est une question de philosophie. Mais une chose est sûre : ce bonheur-là est toujours temporaire car il dépend complètement de la satisfaction de certains désirs ou de notre aptitude à contrôler et manipuler environnement et circonstances.

Les désirs se fondent sur l'insécurité. Nous nous ressentons toujours comme incomplets en l'absence de l'objet de notre désir. Et quand nous l'obtenons, nous sommes heureux. Nous ne nous sentons plus menacés.

Néanmoins, lors d'un moment de liberté, la question de l'incomplétude ou de l'insécurité ne se pose plus. Ces états n'existent plus dans le domaine de la véritable liberté. Dans un moment libre, nous sommes tout simplement complets. Nous ne mettons pas cela en cause. Voilà ce qu'est le bonheur. Peut-être sommes-nous en train de rire ou en train de pleurer. Peu importe. Nous sommes heureux. Et je ne crois pas que vous puissiez trouver un homme ou une femme vraiment compatissants qui ne soient pas heureux.

Toute vie est souffrance. Ce travail consistant à résoudre ce problème devrait absorber votre existence toute entière, toute votre attention et toute votre énergie. Il y a un équilibre subtil à trouver entre cette obsession et la propension commune à se montrer rigide et sourcilleux dans sa fidélité à un principe. Quand on comprend vraiment que « toute vie est souffrance », cette réalisation débouche automatiquement sur le bonheur, la joie, la communion et le plaisir. Elle transforme l'animal que nous étions jusqu'alors en un être humain fondamentalement attirant. Un être transcendant, qui se meut dans l'existence avec légèreté, sans définir ou restreindre les formes que la vie veut prendre. A l'instar d'Henry Miller qui est sans doute mon plus grand héros spirituel, nombre d'artistes ont correspondu à cette description. Ils sont pleins de vie, passionnés et n'en apparaissent pas moins comme des individus profondément torturés. Peu importe. Ils ont compris que toute vie est souffrance et qu'en même temps il y a aussi la joie, l'extase et le plaisir. Il y a la beauté, il y a le sacré. Il y a la nourriture, le sexe, l'argent, tout est là !

Q : Comment pourrai-je voir qu'un processus de transformation s'est produit en moi ?

R : Mon ex-femme travaillait dans un hôpital en tant qu'infirmière. Un soir, elle m'a raconté un événement tout à fait étonnant. Une femme de trente ans était arrivée à l'hôpital en se plaignant de douleurs à l'estomac et, sitôt installée sur une table pour être examinée, avait accouché. En voyant le bébé, elle avait regardé le médecin et s'était écriée en toute innocence : « mais d'où vient-il ? Comment est-ce arrivé ? » Aucune explication n'avait pu la satisfaire.

Bon, il s'agit là d'un cas exceptionnel. La plupart des femmes savent fort bien qu'elles sont enceintes. En général, elles ne posent pas la question : « quand je serai enceinte, comment le saurai-je ? » La réponse, c'est : « vous le saurez, voilà tout ! ». Si vous faites preuve d'un peu d'honnêteté envers vous-même, l'évidence de la transformation ne vous permettra pas de mettre en doute le processus.

Q : J'ai entendu dire que le coeur spirituel de la terre se déplace d'Orient en Occident. Etes-vous d'accord et qu'implique, selon vous, un tel changement ?

R : Le coeur spirituel du monde se déplace de temps à autre autour de la terre. En dépit de la grande force des Hopis, des Navajos et autres cultures amérindiennes, en dépit de civilisations très avancées comme celles des Mayas, des Aztèques et des Incas, le coeur de la spiritualité sur terre ne s'est pas encore trouvé en Occident. Peut-être futce le cas dans des temps reculés dont l'histoire ne garde pas trace. Le coeur spirituel de la terre était en Orient et il se déplace maintenant vers l'Occident. Les convulsions par lesquelles passe actuellement notre monde sont pour une bonne part dues à ce mouvement.

Avant que le coeur spirituel s'établisse en Occident et puisse y rayonner, l'Occident doit se purifier. Souvent, dans bien des guérisons physiques, le tournant décisif est précédé de ce que l'on appelle la « crise de la guérison ». La maladie empire juste avant que le malade aille mieux. Voilà ce qui est en train d'arriver. La terre passe par une crise et nous touchons à peine la surface de cette crise. Nous n'en avons pas encore vu toute la force ou l'intensité. Bien entendu, toutes les prédictions ésotériques et spirituelles disent que nous en verrons l'intensité dans cette existence, que ceux qui seront prêts survivront tandis que ceux qui ne seront pas prêts ne survivront pas C'est très simple.

Notre survie ne sera pas fonction du nombre de nos fusils ou de nos fortifications. Elle dépendra de la flexibilité de notre être. Survivront ceux qui pourront le plus facilement s'adapter à des circonstances imprévues, ceux qui seront le mieux à même de «céder afin de conquérir».

L'un des principes les plus importants d'une forme d'art martial appelée aïkido consiste à ne pas opposer la force à la force mais à utiliser la force pour la détourner. Quand quelqu'un essaie d'attaquer ou de s'imposer par la force, l'adepte de l'aïkido ou du judo ne l'affronte pas mais se détourne, pas nécessairement physiquement mais du point de vue énergétique.

Si, en tant qu'individu vous tentez de répondre à la force par la force... Allez-vous vous planter face à un tremblement de terre et l'affronter ? Allez-vous vous planter face à une immense vague ou face à un ouragan et les affronter ? Ne soyez pas ridicule. Au bord d'un volcan, vous pourrez priez et réciter autant de mantras que vous voudrez, vous n'en finirez pas moins couvert de lave et rôti à point.

En profondeur, nous avons tous tendance à recourir à la force pour éviter la mort et préserver la vie. C'est une expérience terrifiante que de se sentir impuissant. Cette question de la force est vitale si nous voulons avoir conscience de la manière dont nous fonctionnons tant bien que mal. Or, ce n'est pas la force qui devrait dominer nos existences mais la soumission.

Q : Comment s'initie -t-on à ce processus ?

R : Il est bien évident que pour céder afin de conquérir, il faut avoir acquis une grande maîtrise, faute de quoi l'on cède et l'on est conquis.

J'ai autrefois étudié le judo avec un maître qui nous permettait de nous essayer à la pratique de ce principe. Mais jamais nous ne conquérions, même s'il voulait bien de temps à autre nous le laisser croire. Nous finissions toujours à terre et lui debout au-dessus de nous.

Une Ecole spirituelle sert pour une bonne part à entraîner les gens à l'art de s'abandonner. On ne peut tout simplement baisser les bras et s'attendre à ce que rien n'arrive. C'est comme ça que l'on se fait voler...

Notre expérience nous dit que la vie est dure, qu'elle nous ballote de ci de là, que nous avons intérêt à rester bien planté sur nos deux pieds et à nous occuper de nos affaires. Voilà qui ne facilite pas l'abandon. Il y faut beaucoup d'entraînement, de temps, d'attention... Vous pouvez bien discourir sur le principe selon lequel, en judo, il faut « céder afin de conquérir » ; mais si vous n'apprenez pas toutes les passes, les postures et la manière d'utiliser votre énergie, rien ne se produira. Jamais vous n'apprendrez quoi que ce soit.

Q : Suggérez-vous que nous devrions nous soumettre à tout ? Que pensez-vous de l'usage de la violence ?

R : A cet égard, la Bhagavad-Gîtâ est une source de profonde sagesse. Comme vous le savez sans doute, il s'agit d'une partie des écritures hindoues traditionnelles qui consiste en une discussion entre Krishna, l'un des grands dieux hindous, et l'un de ses élèves nommé Arjuna.

L'élève est fondamentalement un guerrier mais un jour il apprend que ses cousins, ses oncles et autres membres de sa famille seront dans le camp adverse, si bien qu'il ne veut plus combattre. Il veut résoudre le problème sans combattre, sans recourir à la violence. Bon, permettez-moi de résumer cet extraordinaire texte sacré dont je vous recommande à tous la lecture : Krishna dit à Arjuna : « Tu n'as d'autre choix que de combattre car telle est ta destinée. Par contre, tu peux déterminer ton attitude intérieure. Si tu combats en proie à l'illusion que tu es en train de tuer quelqu'un et que l'issue de cette bataille changera quoi que ce soit à la marche de l'univers, tu es déjà vaincu avant même d'avoir porté un seul coup. Mais si tu vois qui es tué, si tu te demandes si la mort existe vraiment ou ce qui peut vraiment être changé, si tu combats simplement parce que tel est ton destin et non parce que attribues à cette bataille un sens particulier... alors tu t'es abandonné et tu as déjà vaincu ».

S'il vous faut défendre votre maison, vous la défendez, car nous ne pouvons en une existence faire effectivement adopter le principe « cédez afin de conquérir » par l'ensemble de notre civilisation. Mais vous défendez votre maison sans préjugé, hors de toute vindicte et sans esprit de vengeance. S'il vous faut vous défendre, vous le faites simplement parce que c'est ainsi que vous allez protéger votre famille et votre culture. Mais vous ne vous défendez pas parce que vous haïssez l'ennemi.

Nombre de jeunes Juifs ne sont jamais sortis des Etats-Unis et n'ont rien eu à voir avec la seconde guerre mondiale. Aucun membre de leur famille n'a été tué. Pourtant, ils en veulent toujours aux Allemands de votre âge de ce qui s'est passé il y a quarante ou cinquante ans. Cette attitude constitue en elle-même le fondement de toute violence, une violence qui ne fait qu'engendrer davantage de violence.

Q : Il m'est parfois arrivé de me sentir dans un état propice à l'abandon. Comment faire pour m'y maintenir ?

R : Quand vous êtes dans cet état, souvenez-vous si possible que votre aptitude à vous y maintenir ne dépend pas de votre mental ou des désirs de votre ego mais de votre matrice organique. Si vous êtes dans cet état, interrogez-vous : « qu'est-ce qui contribuerait à bâtir cette matrice ? » Vous pouvez ensuite agir en fonction de la réponse qui vous est venue. Il vous faut soit vous souvenir de la question soit compter sur l'aide des personnes qui travaillent dans la même ligne pour que la question se repose à vous.

Dans un climat d'abandon ou d'illumination, une question telle que : « cette expérience va-t-elle se dissiper ? » ne pourrait en fait jaillir, car si l'on est vraiment dans cet état, on sait d'instinct que *l'illumination est la conscience que tout est transitoire, y compris l'illumination.* On sait que cela passera, oui, et alors ? Cela ne veut rien dire, car l'illumination est la conscience que tout est transitoire, y compris l'illumination.

L'autre point important à comprendre, c'est que cet état d'abandon ne doit pas vous faire croire que vous n'avez plus rien à faire. Cette disposition intérieure de non-résistance ou d'illumination équivaut à ressentir que l'on n'a d'autre choix que de poursuivre le travail. Quand cet état de liberté, de non-résistance commence à se dissiper, il est évident que l'on doit poursuivre le travail. Il se peut que le doute survienne, mais ce qui demeure, c'est que l'on n'a pas d'autre choix que de pratiquer, même si l'aisance et la grâce nous ont quitté.

Q : J'ai des doutes à propos de ma soif de Dieu. Quand je commence une relation avec un homme, ma soif de Dieu s'en mêle et brouille tout en me donnant l'impression que l'objet de mon amour est inaccessible. Avec les années, j'en suis venue à croire que j'avais perdu Dieu, en un sens, puisqu'il n'a pas répondu à mes prières. Il ne m'a pas donné ce que je désirais et dont je me languissais.

R : Tout d'abord, je crois que ce que vous décrivez est une expérience courante. Elle n'a en tout cas rien d'inhabituel. Les choses étant ce qu'elles sont, notre formation, notre éducation, et même les éléments de notre corps, nous autres êtres humains sommes portés à nous tromper et à ne pas bien faire la part des choses. Notre éducation nous pousse à considérer que Dieu est quelque part ailleurs et que si nous prions dans le but d'obtenir quelque chose, nous finirons par l'obtenir si nous prions correctement.

Q : N'est-ce pas ce que Jésus a dit ? N'a-t-il pas dit : «frappez et l'on vous ouvrira ?»

R : Oui, j'y arrive. L'une des réponses que l'être humain a opposées à la souffrance n'est autre que le concept du «Salut». Pour un enfant de cinq ans, le Salut, c'est un nouveau cheval à bascule. Pour un adolescent de quinze ans, le Salut, c'est un jeune homme ou une jeune femme. Pour un adulte de trente ans, le Salut consiste en de beaux enfants, ou en un couple harmonieux. Pour un adulte de soixante ans, le Salut, c'est simplement de se maintenir en bonne santé, sans maladies. La perte de la foi est très courante car les gens ne comprennent pas la nature du processus divin. Aux yeux de la plupart, Dieu n'est qu'un élément du tout et non le principe essentiel de tout.

Donc, pour répondre à votre question, la première chose est de ne pas sentir qu'enfant, vous avez échoué mais de voir que vous n'avez pas échoué. Vous n'avez pas échoué, vous n'avez tout simplement jamais prié. La vraie prière n'est autre que l'adoration. Il ne s'agit jamais de demander quelque chose. Il est cependant vrai que nous désirons des choses et qu'il est normal de se dire : « pourquoi ne les obtiendrais-je pas ? »

Jésus a dit : « Frappez et l'on vous ouvrira », mais qu'entendait-il par « frapper » et par « on vous ouvrira ? » Je suggère que frapper, c'est adorer et que si vous adorez, toutes les portes s'ouvrent : les portes de l'extase, de la compréhension, de la clarté, du service, etc.

Deuxième point par rapport à votre question : On ne peut vraiment connaître Dieu sans connaître l'homme. Et connaître l'homme ne signifie pas attendre d'une relation ce que l'on serait en droit d'attendre de l'ultime pureté du processus divin. Connaître l'homme, c'est reconnaître, sans douter ni tout mélanger, que les hommes et les femmes nourrissent des espoirs, ont des rêves, des chagrins, des peurs. Nous sommes humains et, dans une relation, nous devons être prêts à donner et à recevoir jusqu'à un certain point. Connaître Dieu, c'est assainir ces attentes et leur permettre de demeurer anodines.

Donc, dire que quelqu'un est inaccessible dès lors qu'il devient l'objet de votre amour ne procède pas de la réalité mais de l'idéalisme. Néanmoins, ne plus être la proie de cet idéalisme n'implique pas que l'on sombre dans le pessimisme ou la fadeur. Cela signifie plutôt que l'on se délecte de ce qui est ordinaire. Une relation dans laquelle on ne parvient pas à jouir de l'ordinaire est une relation vouée à l'échec. Elle ne mènera qu'à toujours plus de voyages, de repas fins, de films, de distractions, qu'à une sexualité de plus en plus débridée, toujours plus, jusqu'à ce que la relation périsse de cette surabondance même.

Un jour où je me livrais à de sombres réflexions, j'en suis arrivé à la conclusion que toute la race humaine se résumait à divers degrés de maladie. Pourtant, c'est en étant celui que vous êtes, l'être humain que vous êtes en train de devenir, que vous servez Dieu et non en vous tenant à distance de votre humanité. C'est au sein de l'activité que se produit la transformation, au travers d'un processus et non dans un état statique. Ce processus prend place au milieu de nos combats, de nos névroses, de nos peurs, de nos joies, de nos passions. Il participe de tout cela.

TABLE DES MATIERES

Préface d'Arnaud Desjardins 7
Introduction de Gilles Farcet 9

L'Alchimie du Réel

A propos de mon maître 19
Le magicien et ses secrets 23

I Un maître à l'oeuvre 27

II La nature du travail 51

III La pratique spirituelle et les observances 69
Nourriture et régime alimentaire 72
A propos de la méditation 81
A propos de l'exercice 88
A propos de l'étude 88
En résumé 90

IV L'investigation intérieure et les dynamismes de l'esprit 93
A propos de l'investigation intérieure 101
Le corps sait 108

V L'apprentissage du travail 111
Les conditions d'adhésion au « club » 111
1/ Initiez-vous 113
2/ Confrontez-vous à vos doutes et à vos questions 114
3/ Développez la discrimination et entretenez votre soif de Réel 115
4/ Posez-vous la question : Qu'est-ce qu'être un apprenti ? 119
5/ Soyez disponible à l'aide qui vous est offerte 122
6/ Refusez d'être un adepte 127
7/ Utilisez ce que le maître vous propose 131
8/ Faites grandir en vous un sentiment de réceptivité à l'influence divine 133

VI L'homme et la femme
Le Tantra, la sexualité, la relation et l'amour 137
L'alchimie du Réel 144
L'éternelle histoire du couple 154
Le tantra naturel, c'est l'innocence organique 159
A propos de l'amour, enfin ! 162

VII Désir et dévotion 167

VIII La communauté 187
La vraie communauté : une culture de la sainteté 197

IX L'abandon et la loi du sacrifice 203
Dialogue à propos de l'abandon 219

X Poser la vraie question 227
Quelques questions 232

Achevé d'imprimer en janvier 2000
Imprimerie France Quercy.
Cahors

Dépôt légal : janvier 2000
N° d'imprimeur : 92758 FF
Imprimé en France